家庭教育指导师培训课

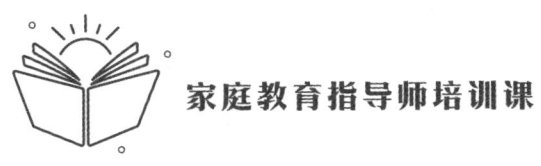

家庭教育，从成功到从容

汇智云亭教育研究院 编著

中国纺织出版社有限公司

图书在版编目（CIP）数据

家庭教育指导师培训课.家庭教育，从成功到从容 / 汇智云亭教育研究院编著.--北京：中国纺织出版社有限公司，2022.6
ISBN 978-7-5180-9495-0

Ⅰ.①家… Ⅱ.①汇… Ⅲ.①家庭教育 Ⅳ.①G78

中国版本图书馆CIP数据核字（2022）第065449号

责任编辑：李凤琴　　责任校对：寇晨晨　　责任印制：储志伟

中国纺织出版社有限公司出版发行
地址：北京市朝阳区百子湾东里 A407 号楼　邮政编码：100124
销售电话：010—67004422　传真：010—87155801
http://www.c-textilep.com
中国纺织出版社天猫旗舰店
官方微博 http://weibo.com/2119887771
北京通天印刷有限责任公司印刷　各地新华书店经销
2022年6月第1版第1次印刷
开本：710×1000　1/16　印张：12.5
字数：180千字　定价：49.80元

凡购本书，如有缺页、倒页、脱页，由本社图书营销中心调换

序

从成功走向从容

不知为什么，近年来喜欢读日本的教育书籍：从胜也尚行到井深大，从佐藤学到清水克彦等。

遇见中室牧子，一下子被触动了。在《学力经济学》中，中室牧子提到：

不可思议的是，一旦提到与教育相关问题，就算是对教育一无所知的人也会提出自己的意见和看法。

是不是很多家庭教育的书也是"自我表达"呢？倘若真是如此（不可否认，很多是如此），那么，作为普通家长或者家庭教育指导师，我们又该如何做呢？

所以，我们组织教育专家编写本书时就考虑，怎样才能让我们的观点更能契合真实的教育？在经过多方论证之后，我们选择了"从成功走向从容"的表达方式。

所谓"成功"，本书中更多的意思表达是"别人家孩子"的成功。如果我们的表达有价值您肯定会受益。当然这里就存在选择怎样的"别人家孩子"的成功案例。这些案例有代表性吗？有复制的可能吗？有更广泛的价值吗？所以，我们不能选择特殊的孩子，我们要让更多普通家长看到这些孩子的成功不是因为"特殊"，而是因为他们的家庭教育起到了作用，并且起到了很大的作用。我们带着对这些问题的考量，以及对全国各地成功家庭教育案例进行分析之后，选择了三个很典型的案例。

第一个孩子是来自湖北武汉写出学术专著的六年级小学生杰宝。六年级孩子的学术专著，各位请注意，不是把孩子几年的好作文拼在一起的作文选，而是带有很强的研究价值的学术作品，这是很了不起的。杰宝的成功不在于他有多高的写作天赋，也不是一开始就多么热爱阅读，而在于从小父母就对他进行阅读方面的训练，且有节奏、有方法，有很强烈的引导性和支持性。他的成长过程会让你觉得如果这么做，我的孩子也可以。这就是杰宝的价值。

第二个孩子是来自湖南株洲初三就参加高考的果果。看到"初三参加高考"这几个字，很多朋友会反问"不是说不选择特殊孩子吗，怎么还选了这个？"我讲一下亲身经历的事情你就明白了。那是笔者读完王丹凤老师发来稿子的当日，就立即致电王老师——

"谢谢王老师，您让我进一步认定了自己！"

"什么意思？"

"您儿子的成长史，就是我当年的成长史，这部成长史里最关键的要素是拥有自学的能力和方法。"

"是的，这是我给儿子最重要的东西之一。"

我们不否认有天才的存在，但我们更相信大多数天才都是掌握了自我学习的方法。而人一旦掌握了自学方法，便尝到了自学的"甜头"，继而在"甜头"中获得自信和继续前行的力量。所以，选择果果，其实就是选择了如何培养孩子的自我发展能力。

第三个孩子是来自江苏苏州的小培，一个在中小学阶段称得上"笨小孩"却被保送读中科院硕博连读的孩子。如果说前两个孩子普通，各位可能不信。小培绝对算普通得不能再普通的孩子了。如果是普通家长，可能会因为这个"笨小孩"而崩溃。但培爸和培妈却用自己的教育理念和教育行为培养出了一个品学兼优的未来博士。小培能成功，你的孩子更应该可以。

这三个孩子，发展方向不同，但都极具代表性。

当然，这三个孩子之所以能走向成功，是因为有家长的良好"陪伴"。所以本书第二讲，我们着重从"陪伴"的角度分析了如何对孩子进行教育的问题。如此，别人的成功，才能让我们窥见自己孩子成功的要诀。

倘若我们安排的用意和"别人家孩子"成功的深意您能理解，我相信，您的孩子是可以走向成功的。当然，这个过程中一定会遇到这样或那样的棘手问题。我们认为有"九大棘手问题"。如果家长在教育孩子的过程中可以从容一些，对于这"九大棘手问题"要做到胸有成竹（当然，有些您用不着，但作为家庭教育指导师是需要的）。

所以，您自然会明白，本书的"下编"就是"九大棘手问题的应对策略"。例如，遭遇"学困生"我们该怎么办？可能不少家长会说想方设法提高成绩啊！但是来自上海的家庭教育专家王莉老师的观点，一定会让您触动很深。她提到的让孩子"'生有可恋'方能'学有所成'"，当孩子变成"学困生"时，首先要解决的不是如何提升成绩的问题，而是让孩子"生有可恋"，生命才是最宝贵的东西，然后才是"学有所成"。

接着就"情绪管理""多动拖拉""推卸责任""价值偏差""学习挫折""不良伙伴"等问题，各位专家进行了逐一剖析，并提供了具体的解决方案。我们相信，倘若这九大棘手问题你做到了胸有成竹，你的家庭教育将会变得从从容容。

从别人的成功中，找到前行的方向；对棘手问题的解决胸有成竹，使你的教育变得成功。这是我们编写此书的逻辑。让你或者你教育的孩子走向成功，让您的教育之路走得从容，是我们的初衷。但愿用心不负，愿您从此成功、从容。

需要说明的是：本书不仅是成为好家长的阅读本，还是家庭教育指导师的培训教材。当然，完整的课程，您还需要读《从好家庭到好教育》。

谨此为序！

汇智云亭教育研究院

2022年3月

目录

上编　"别人家孩子"给我们的启示

第一讲　"别人家孩子"的成长路　/ 002

　　第一节　六年级写出学术专著的杰宝　/ 002

　　第二节　初三参加高考的果果　/ 010

　　第三节　被保送硕博连读的"笨小孩"　/ 024

第二讲　"别人家孩子"带来的启示　/ 034

　　第一节　启示1：幼儿阶段的高质量陪伴　/ 034

　　第二节　启示2：唤醒孩子的阅读力　/ 039

　　第三节　启示3：如何陪出孩子的好成绩　/ 046

　　第四节　启示4：多娃家庭的幸福阅读　/ 054

　　第五节　启示5：走出教育常识的误区　/ 060

下编　八大棘手问题的应对策略

第三讲　棘手问题一：遭遇学困生　/ 068

　　第一节　"生有可恋"方能"学有所成"　/ 068

　　第二节　帮助学困生逆势而上　/ 073

　　第三节　"学困生"的突围路径　/ 081

第四讲　棘手问题2：情绪失控　/ 093

　　第一节　让孩子学会正确表达自己的情绪　/ 093

　　第二节　以情绪解码帮助孩子控制不良情绪　/ 101

　　第三节　考试后的情绪调整　/ 108

第五讲　棘手问题3：多动与拖拉　/ 117

　　处理好了，"问题"孩子一样优秀　/ 117

第六讲　棘手问题4：推卸责任　/ 125

　　第一节　那些本是可以预约的美好　/ 125

　　第二节　规避推卸责任的四个准备　/ 131

第七讲　棘手问题5：价值偏差　/ 138

　　第一节　孩子想要的就是让你看见　/ 138

　　第二节　矫正价值观扭曲的问题　/ 145

第八讲　棘手问题6：游戏瘾或手机瘾　/ 154

　　帮助孩子解除游戏瘾或手机瘾　/ 154

第九讲　棘手问题7：遭遇不良伙伴　/ 161

　　如何帮助孩子交到良好同伴　/ 161

第十讲　棘手问题8：父母离异带来的家庭变故　/ 169

　　确保在婚变中孩子的健康成长　/ 169

附　学后测评参考答案　/ 177

后记　/189

上编

"别人家孩子"给我们的启示

"别人家孩子",一直都是让人羡慕的代名词。只是,讲多了"别人家孩子"的故事,却不见得是好事,但作为家长,若能破解"别人家孩子"的成长,一定能带给我们极大的教育启示。本编便是"别人家孩子"的故事展示和密码破解的结合。

第一讲 "别人家孩子"的成长路

第一节 六年级写出学术专著的杰宝

滕敏,全国卓越班主任、湖北省新锐班主任、儿童心理成长指导师、情绪管理师。

在这里很高兴有机会和大家分享我家杰宝的那点儿事。

《解码诸葛亮》,七万多字,耗时两个多月写完。这是杰宝小学毕业时送给母校的毕业礼。那是2020年冬天武汉封城的日子里,杰宝两个多月没有下楼而写出来了属于他自己的专著,属于他自己的学术见解。虽然稚嫩,但很宝贵。

他是如何爱上阅读的呢?请允许我展示一下2018年我记录杰宝成长的一段文字:

关于古诗词,杰宝从幼儿园开始,就一直在坚持背诵。暑假同样在计划中安排了每日一诗,他交替选择了《唐诗》和《宋词》。时间长了,杰宝背诵得越来越轻松。这个过程中,遇到一些好看的电视节目,在杰爸的影响和陪伴下,他追《诗词大会》《经典咏流传》。每期都看多遍。只要是和诗词有关的电视节目,他总是表现出极大的兴趣,且一定会在电视机前守着看首播。每次看诗词节目,哪怕一楼客厅只有他一个人在观看,我总有种一群人在看球赛的异常热闹感,他跟着抢答、喝彩、激动,看得不亦乐乎!

"妈妈，你闭上眼睛来体会吧！"杰宝建议道，他手舞足蹈，自添韵律："为感君王辗转思，遂教方士殷勤觅。排空驭气奔如电，升天入地求之遍。上穷碧落下黄泉，两处茫茫皆不见。忽闻海上有仙山，山在虚无缥渺间。"出自白居易的《长恨歌》，这是自《春江花月夜》后，杰宝背诵的另一首长诗。

一天，姑姑邀请我们走进武汉剧院享受了一场绝对的艺术盛宴——《霓裳长歌》。该剧是对白居易《长恨歌》所表现的爱情主题给予艺术再造，并在情节和唱词中多处融入了《长恨歌》的元素。在时空跨度上，《霓裳长歌》在两个半小时的时间里，呈现了从李隆基、杨玉环二人初相见到"安史之乱"之后李隆基已成为太上皇的漫长时间和宏大空间；在剧情容量上，《霓裳长歌》除了讲述李隆基、杨玉环二人的爱情，还加入了戏宴群臣、陈玄礼和杨国忠辩争忠奸、李谟戏讽杨国忠、梨园弟子坚守真纯等诸多情节。剧中融入各种唱腔，唯美的演技，近百名艺术家的现场伴奏，让我这个第一次触碰汉剧的人都被震撼到了。但对于杰宝来说，除了有"从来没见过"的惊讶，还有"从来没听过的"太多不懂。返程时，已很晚。路上，他问了很多关于唐朝的事儿；那些主要人物的主要事情，他有了自己的认识。知道的，我讲给他听，不清楚的，我建议他回家查阅书籍。

第二天，他没事便研究自己带回的画册《霓裳长歌》，百度《长恨歌》。于是，我顺其自然地建议把他的每日一诗改为背《长恨歌》，他欣然答应；于是，他总会考我诗里的词意，我不会，他骄傲；于是，每天八句，一首长诗快结束了，他就这么把这首巨作给融入大脑里了。

无心插柳，顺其自然，若是在发生，就要打造一个能让美发芽的"春天"。记下杰宝的成长小事，等他发现，哦，原来是这样的！

杰宝和古诗的缘分要追溯到他刚开始学说话。那个时候，我会有意识地让他听一些古诗儿歌。他很喜欢，每次音乐响起，他就会手舞足蹈。记得上幼儿园时，每次接送他上下学的路上，我和他爸就经常讲古诗的故事，就这样一直坚持到他读小学。上小学后，每个寒暑假，跟着诗词去旅行，去一个他读过的诗词里面描述的好地方。我们领略了"春风不度玉门关"的壮美，去倾听了"姑苏的夜半钟声"，去欣赏了"春日最繁华"的洛阳，也去感怀了"故垒西边，人道是，三国周赤壁"……在这个过程中，杰宝对地理和历史的兴趣越来越浓厚。于是，家里出现这方面的书籍就成了一件自然而然的事。

我一直认为，想让孩子喜欢上美好的事物，首先让他去靠近美好的事物。

杰宝的阅读是从杨红樱的作品开始的，然后是曹文轩、沈石溪等的系列作品读完后，他说曹文轩书里的故事有很多是相同的，那时，我感觉他可以读点有深度和难度的书了。

任何阅读，如果只停留在一个平面上，都算不上好的阅读。于是，我就带着孩子向"经典"出发。

所谓经典，就是经得起重复阅读和欣赏的作品。孩子成长过程中四大名著肯定是不可错过的经典，但如果直接买来原著让孩子阅读，恐怕会因为难以读懂而弄巧成拙。因为他喜欢古诗词，这里面必定绕不开一个有趣的人——苏东坡。杰宝读的第一本名人传记是林语堂的《苏东坡传》，那时他上三年级。为了让他有兴趣看下去，我就找来《百家讲坛》里苏轼的专辑，和他一起听。他爸做得更是极致，把《百家讲坛》里康震、易中天、梅铮铮等教授的讲解视频下载下来，放在车上播放。只要是我们一起外出时，就会一起听。在听名家讲故事的过程中，杰宝展现出了极大的兴致，并在潜移默化中去模仿。

记得有一次，班级开展读书分享会，杰宝主动报名参加要分享。在准备的过程中，我和杰爸当他的听众，并建议他学着《百家讲坛》里的康震老师，后来老师评价说有"易中天的感觉"。

是的，启蒙经典，从听书开始。让孩子读，才算是走向了真正的阅读。

在名家大师的声音带领下，杰宝边听边读，分别接触了《西游记》《三国演义》《水浒传》《史记》等名著。在此过程中，他对《三国演义》产生了浓厚兴趣，不仅把梅铮铮教授讲三国的内容反复听了多遍，有些片段，他甚至可以声情并茂地复述下来。边听边读，他把原著《三国演义》反复读，用他的话说是越读越有味道。那段时间，《三国演义》几乎成了他的枕边书，他不仅去听讲解，读原著，我们还鼓励他讲三国。自然，爸爸和妈妈要当好孩子的忠实听众。

在孩子的成长过程中，如果父母能做到"津津有味"地听孩子讲，一定会引起孩子阅读兴趣的，当然亲子关系也一定是和谐的。

杰宝把《三国演义》原著看到第四遍时，他开始了"找茬式"阅读。觉得原著中有漏洞存在，就在网上搜出更多关于三国的历史。网络上一些零散的信息满足不了他的需求，他觉得应该读一些有关三国时期的其他著作，于是向我请助。

孩子要买书，是多好的事；但不能贪多，切不可"无功受禄"，书应该是孩子成长过程中的奖励，这个奖励需要他完成一点挑战才能获得。

杰宝把自己对《三国演义》里面的思考讲给我和杰爸听，对诸葛亮、关羽、周瑜等都有自己的理解。记得他每每读到兴致之时，总会来一句：《三国演义》中还是罗贯中最牛，因为作者想让谁厉害谁就厉害。还记得他有一次愤愤地说："历史上根本没有'既生瑜，何生亮'一说，只有

'曲有误，周郎顾'，完全是罗贯中让世人误解了周瑜几百年……"大有要为各路英雄正名的架势。在他兴致正浓时，我和杰爸答应买书是一件让他无比开心的事，他也非常珍惜。于是陈寿的《三国志》六册全译本成了杰宝最喜欢的生日礼物。

曾有人这样解读"读"字，读他人"言"，再去"卖"弄一番，才叫读。所以，读到一定程度，要鼓励孩子大胆去讲，讲是知识在孩子头脑中的重构。

我们总是鼓励杰宝将读过的书与我分享，我经常把他分享的过程说成："来，教教妈妈不知道的东西。"阅读《三国演义》等名著也是这样的，让他讲，然后我和杰爸津津有味地听，听后给予赞扬，也一定会给他一点建议。有段时间，杰宝讲三国上瘾了，他会拉着你不停地讲，不仅要讲给你听，他的要求也越来越高，他希望你能和他一起讨论、争辩。说真的，随着他对原著和相应书籍的研究，我和杰爸对他的有些观点已经无力辩驳了。

在所有的"被打败"中，被自己的孩子"打败"，是骄傲的。杰宝的成长是可以看得见的。杰宝打败我们的过程，也是他的阅读被持续驱动的过程。

为了让他也能清楚地讲给别人听，我和杰爸鼓励他积极参加班级的读书活动和班会分享，让他有更大的平台去发挥。记得在疫情期间，学校的青年教师成长俱乐部每次线上交流都有读书分享环节，我就向杰宝发出要求，请他为老师们做一期关于三国历史的分享。他开始有些胆怯，但很兴奋。在我和杰爸的鼓励下，他开心地答应了。那次分享对他来说是一个挑战，以前是在同学面前或父母面前分享，无论是同学还是父母，一个群体是同龄人，认知和知识储备水平和自己相当；一个对象是父母，在父母面前犯错是孩子天然的权利。但面对比自己知识储备量和认知水平高很多的老师们，"怎么讲"不是一件容易的事。因为有了平时"常常讲"的经验，在准备时，他用两个问题引入，并以大家耳熟能详的典故的不同解读来分享。结果，那次分享收获了来自老师们很多"爱护"的赞扬。这种经历对杰宝来说是珍贵的。

在言语中的知识重构，往往是碎片的存在；走向写作才是让重构的知识属于自己的最佳路径。作为家长，我们要懂得引导孩子用文字去表达。

杰宝喜欢读，也喜欢讲，这个过程在循环中促进了他更加深入地研读、思考和想表达的欲望。尤其对"三国"，看到他有理有据引经据典地反驳《三国演义》原著里的"bug"时，我和杰爸就开始引导他把自己的见解写出来，把找到的历史依据进行梳理并写出自己对"三国"的理解。

但"如何去写"是一种挑战。

写作过程需要收集大量资料。杰宝再次向我求助，想读读习凿齿的《汉晋春秋》，追问三国时期的历史。杰爸在网上找，网上竟然断货了，而且书商说这本书的销量太低，也不再复印了。在寻访多个店家后，其中一个店家说如果需要他们可以为我们复印一本，但费用是正版的3倍。书很厚，我和杰爸并不觉得店家是坐地起价，最后以原版2倍的价格为杰宝淘来了一本习凿齿的《汉晋春秋》。原著《三国演义》，陈寿的《三国志》六册全译本，蔡东藩的《后汉演义》和习凿齿的《汉晋春秋》全齐了，这些书就成了他写作时的资料库，当然他是必须先读透的。

杰宝最佩服的人是诸葛亮。随着对三国历史的不断了解，他对诸葛亮这个人物的认识也在不断地更新，他就决定写诸葛亮了。在他爸的建议下，他把题目定为《解码诸葛亮》，并准备从多个方面来解读，如是谁博望坡用兵？草船借箭是孔明否？如何巧借东南风？三气周公瑾的真假等。

边读边写，原想用一篇文章来完成，结果一个问题就变成了大几千字，就这样一发而不可收。经常为了印证一个观点，为了更加清晰地了解某个人物，甚至是一句话的意思，他会翻遍所买的书。这个过程也让他体会到了"作者"的不易。

在杰宝的《解码诸葛亮》中，他这样写道：

有这么一个人，他上知天文下知地理，五行八卦琴棋书画，无所不知无事不晓。对，你们猜对了，他就是蜀汉的丞相——诸葛亮，我们都知道，诸葛亮是一个足智多谋、忠义、鞠躬尽瘁的英雄人物。从古到今，有多少仁人志士歌颂他、仰慕他、怀恋他。《三国演义》中的诸葛亮不是一个人，而是一个神，他平定南方、北伐曹魏；他未出隆中，就已知天下三分；他草船借箭，借走曹操十万支箭；他上演空城计，吓退司马懿十五万大军……他几乎战无不胜，让无数谋士黯然失色。因为对诸葛亮的无限好奇，我开始迷上了那段历史，翻阅习凿齿的《汉晋春秋》，深读陈寿的《三国志》，又读蔡东藩的《后汉演义》，我发现了一部不一样的历史，我读到了不一样的真实，我也有了不一样的理解。

我想画出一个不一样的诸葛亮，一个更像"人"一样的诸葛亮，他智慧超群，但也有失误的时候；他神机妙算，但也有战而不胜的时候；他妙计多多，但也有无能为力的时候。在书里，我用了九个章节来解读诸葛亮：从诸葛亮的生平和他的发明到是谁博望坡用兵？草船借箭是诸葛亮所为吗？他如何巧借东南风？真有三气周公瑾吗？历史上真有七擒孟获吗？空城计是诸葛亮的计谋吗？后《出师表》的作者到底是谁？和真实的上方谷之战，等等，对照真实的历史记载和罗贯中笔下的《三国演义》，我发现了"真正"的诸葛亮……

2020年6月底，武汉在疫情的劫后余生中慢慢恢复生机，杰宝也完成了他和三国人物的一次深度"交流",完成了他的作品集《解码诸葛亮》,以此作为自己的毕业作品送给了他的老师和母校。记得当时还有媒体报道过他的这份特别的毕业作业。

让孩子爱上阅读,是父母给予孩子最好的成长礼物。孩子的阅读,从来不只是一个人和一本书的事,应该是父母和孩子之间的事,应该是让书和孩子建立联结的事。曾经我和杰爸刻意帮杰宝和书建立联系,后来,杰宝自己主动去联结不同的书籍。杰宝用阅读和写作去思考和认识这个世界,阅读和写作也在让他的世界慢慢变得更加精彩和宽广。

但愿我的分享,能联结您的家庭教育,让彼此的孩子因我们的努力而优秀。

学后测评

1. 简答题:让孩子爱上古诗词有哪些方法可以参考?

2. 简答题:通过本课的学习,你认为"经典阅读"如果读出"成果",需要哪些基本步骤?

第二节　初三参加高考的果果

王丹凤，高级教师，荆楚好老师，中小学生发展核心素养研究中心研究员。

我从未想过，他会走出一条自主学习的路，这一步跨越了三年。

他今年14岁，是一名初三的学生，但目前正在做的事情却是——准备参加明年的高考。这意味着，他明年6月7日、8日要先参加高考，10天之后接着参加中考。对，你没有看错，先高考后中考。他就是我的儿子果果。看到此处，也许有人说我揠苗助长，或许有人猜测我是强势虎妈，或者是鸡娃大军的一员猛将。然而，实际情况是果果初二就在琢磨提前参加高考的事情，进入初三后便开始摸索寻找实现这一目标的路，并制订高中学科知识的自学计划。这一切都是果果的主意，我没有怂恿他，更没有为他报任何补习班，而我更是第一次切身感受到中国教育的多元化和包容性。

对于一个初三的孩子来说，无论果果明年的高考成绩怎样，他能够穿越千山万水收到来自高等院校的准考证，和高三的学长们一起走进高考考场，这就是一个奇迹。

果果不是神童，也没有智力超群，他只是万千学子中极为普通的一员。他是从什么时候开始有这个想法的？他的勇气与自信是从哪里来的？他又是凭借什么支撑自己跨越三年的？

回溯果果的童年，回眸他的成长之路，我觉得应该归功于自主学习能力的培养。用"培养"一词似乎并不妥帖，因为我并没有在最初确定"培养目标"，也没有制订周密的"培养计划"，更没有严格控制"培养过程"及时"纠偏",我只是在做一件天下所有母亲都可以做到的事情。

一、给孩子一段打底的慢时光

果果出生在三线城市,从家到小学骑车不过几分钟。每天放学,当他的同学背着书包在多个补习班来回奔波时,他早已写完作业在院子里晃悠,运气好就能遇上小伙伴一起做游戏,三两个小朋友在操场上拿着几片树叶或者一点小玩具能玩上好几个小时,从斜阳夕照到夜色渐浓,最后才意犹未尽地回家。欢乐的童年时光筑起他的精神世界大厦,专注力、观察力、表达力、情绪感知力、规则意识等都在其中被激活。

遇上天气不好,果果便会在书房优哉游哉地看起书来。《儿童智力世界》《军体世界》《我们爱科学》等各类期刊杂志被他翻得快散架;《百科全书》《世界未解之谜》《哈利·波特》、凡尔纳系列科幻小说等,令他爱不释手;《上下五千年》《过秦论》《西游记》,郑渊洁系列儿童文学作品等他也有所涉猎。渐渐地,家中的书已经满足不了他的需求,他便"开疆拓土",在电视上观看纪录片或者到书店"觅食"。每次,我都看到他在聚精会神地看书,并不时在笔记本上记录要点或绘出书中的路线图。

形式多样的阅读给果果的童年打下了厚重的底色,天文地理、历史人文、科幻童话等交织着呈现出一个色彩斑斓的世界,吸引着他不断向外界探索。

正因如此,果果小时候对周围的事物十分好奇,家就是他的"实验田":培养藻类植物,养金鱼、喂仓鼠、训鸽子等,他痴迷于鸽子的那段时间,整个阳台就是鸟的天堂。我们把一对鸽子带回家悉心照料,果果欣喜地看到鸽子蛋的诞生,见证了一团粉嫩的小东西出壳,看着它从孱弱蠕动到巍巍站立，从脊背赤裸到羽翼渐丰，从在笼子里扑扇翅膀到在长空中展翅翱翔。这些经历让他充分感受到微观世界的神奇，生命诞生成长的奇妙。

很庆幸，我没有让果果加入各类补习队伍中，而是给他一段打底的慢时光，让他有舒展性灵和自由探索的机会，让他充分感受花鸟鱼虫和日月星辰的魅力。大自然原就是一本教科书，它会给人的生命成长带来原动力，孩子的好奇心、求知欲、探索精神都在其中潜滋暗长。

二、教孩子一个提升思维品质的方法

孩子的成长既需要烂漫的童年，也需要有配套提升思维品质的方法。目前，大多数孩子的成长容易走向两个极端——缺乏引导的放飞自我和紧锣密鼓的补习培训，这两者是家庭教育的缺失或者家庭教育理念匮乏所导致的。当然，也有不少孩子处于中间状态，但其家长关注孩子显性学习习惯多，注重隐性学习习惯培养与思维品质提升少，主要原因在于家长没有察觉到孩子隐性学习习惯的重要性，没有足够的能力提升孩子的思维品质，最后导致孩子学习容易出现各类问题。

具体应该怎么做？在果果成长过程中，我经历了将他从悬崖边拉回正轨，送上快车道的全过程。

那时，果果正在读三年级，连续好几天晚睡晚起，而且丢三落四。于是，我开始观察起来，如果他遇到难题来询问我时，他只会拿着课本找我，从不带任何文具；当我需要红笔时，他跑到自己书房里拿一次；当我需要橡皮擦时，他又跑一次……

当我发现问题后，便开始琢磨起方法，选定一本数学学习资料，用一周的时间进行专项训练。

为此，我做足了铺垫，有一次问他："儿子，是背着汽车零件跑还是开着汽车跑更快？"

果果瘪了瘪嘴："这还用说，当然是开着汽车跑更快！"

我卖起关子："人脑就像是一堆精密的汽车零件，掌握了秘诀就相当于将这些零件组装起来，你会学得比其他人更快。想学秘诀吗？"

果果听了之后两眼发亮，迫不及待地说："我当然想学，妈妈，你快点教我吧！"

我拿出学习资料："秘诀就在这本书里，你先看看目录，你喜欢什么专题，我们就学习什么内容。"

就这样，我开始"传授"秘诀，带着他一点点熟悉学习资料，对比课本了解学习资料的目录和编排结构，并和他确定学习流程——

（1）翻看目录，在前一天选定学习专题，并想象相关学习内容；

（2）做好学习前的准备：拿出资料与草稿纸，准备双色笔，带上橡皮与直尺，再将凳子调整到合适的高度；

（3）读专题前面的"专题简析"，并用笔勾画出关键词；

（4）阅读例题，思考并解答，核对答案并修改；

（5）选择性完成例题之后的三道变式题：读题、找条件、读问题、列式、计算、单位、作答、标点；

（6）检查题目的对错与答题格式；

（7）思考专题中五道例题之间的关系；

（8）思考每一道例题的三道变式题与例题的关系，三道小题之间的关系，并写出来；

（9）选择明天要学习的专题；

（10）结束辅导：凳子的高度要还原，书、草稿纸、笔、橡皮与直尺等文具要放好。

以上10条流程，有的是他拟定的，有的是我征求他的意见之后写下的。写罢，我开始趁热打铁："背着汽车零件跑的人，永远比不过开着汽车跑的人，能够按照这些流程来做就是在发动自己的'汽车动力'，而不是让人推着跑。今天是妈妈和你一起拟定流程，以后你是自己的主人，要自己给自己拟定流程，甚至你还会用这些方式帮助其他人哟！"

10条流程果真有这么大的能量吗？果果不可思议地睁大眼睛，又腼腆地笑了。第二天，他再到我书房的时候，带齐了所有资料与文具，并且自己调整凳子的高度，还主动在学习资料上画出关键词。

"咦，你今天怎么变乖了呀？"

"哪里是我变乖了，妈妈昨天给我写了流程，我只需要照着做就好啦，这个难不倒我！"

连续一周，我们都按照以上10条流程进行学习，我每天都在关注果果的变化。

第一天，我未对他的正确率做出任何评价，但他喜欢我送的"礼物"，回答问题很完整，点赞一次；答题字迹更工整、漂亮；答题方框美观，难得；自主完成，了不起！

第二天，果果满心期待看着我写下评价：答题框图很标准，一颗星；会用图像法解题，非常棒，两颗星；字迹大小均匀并能保持，三颗星；能协助妈妈找到题目错误的原因，了不起，四颗星。

……

渐渐地，果果开始发生变化：做事从容有条理，学习积极也主动，思维敏捷且缜密，答题规范又整洁。

现在想来，果果进入初中之后，展现出超强的自学能力就是来自这段经历。因为这10条不只是简单的学习流程，更是塑造习惯、渗透方法与激活思维的法宝：

（1）翻看目录，提前确定学习内容，能激发孩子对学习的期待；

（2）做好课前准备，避免无关因素的干扰，培养孩子的注意力；

（3）阅读"专题简析"和例题，让孩子充分感受例题与"专题简析"之间的联系；

（4）思考例题并尝试解答，核对答案和寻求点拨，以达到"不愤不启，不悱不发"的效果；

（5）完整地做出例题后的变式题，能提升孩子知识的迁移能力，学会举一反三，并能全过程思考与检查；

（6）思考例题与三道变式题的关系，五道例题之间的关系，能让孩子读懂题目的构成与变化，生长与发展，厘清题目内在的逻辑关系；

（7）结束时将物品还原，给孩子仪式感，让学习有始有终。

三、送孩子一个时间管理的好习惯

果果自主学习能力的提升，离不开超强的时间管理能力，我使用的办法是制订学习计划并落实到每一天。

这一点是让众多家长头疼的——

"我家崽崽压根儿不吃这一套，任我使出浑身解数都无法制订学习计划。"

"我给孩子制订了很周密的学习计划，可是他完成不了。"

"我直接把娃送到补习班，他有好几个补习班的课程要学，根本不需要计划。"

以上培养孩子自主学习能力的三个方法是相辅相成的，有机结合方能相互促进。如果孩子没有快乐的童年，时间都被学习任务塞满，孩子的思维容易钝化，那么"提升思维品质的方法"效果会大打折扣，孩子自然会抵触制订学习计划。

如果寄希望于校外补课，期望利用补习班的课程代替学习计划，那么孩子容易对课外培训产生依赖性，学习不主动、无主见，而且疲于应付。如果孩子没有快乐的童年，时间都被学习任务塞满，孩子的思维容易钝化，那么"提升思维品质的方法"效果会大打折扣，孩子自然会抵触制订学习计划。

我带着果果制订的学习计划，有技巧、有层次、有指导。

制订计划有技巧，应当做到"四确保"：

（1）确保计划是由父母和孩子共同协商制订，而不是由父母强加给孩子的；

（2）确保计划中的各项任务安排科学具体，能让孩子劳逸结合，张弛有度，避免出现高强度且密集的学习活动；

（3）确保每天都给孩子固定的自由活动时间，父母可以陪同但不能做过多干预，自主是在自由中孕育出来的；

（4）跟踪观察孩子计划落实情况，并及时兑现奖惩措施，这是对孩子的表现进行强化与提醒。

美国成功学奠基人奥里森·斯韦特·马登说过："习惯在养成之初就像一根看不见的细线，但是我们每重复一次习惯，这根线就会变得更粗壮一点，最终它会变成一条粗大的缆绳，把我们的思想和行为牢牢地拴在上面。"反馈越及时，就越能增强孩子坚持的决心，直到变成习惯。

制订计划有层次，时间效用在提质。纵观果果的成长，他制订学习计划大致分为三个层次：在他读四年级时的那个寒假，是我提出陪他一起制订学习计划，同时帮他记录每一天的完成情况并兑现奖品，没想到效果奇好；到了第二年的寒假，他竟然主动央求我帮他制订计划，实际上我只是他的"文秘"，请看实录——

寒假过了两天，果果玩了整整两天。第三天，他按捺不住地找到了我，一脸急切地说："妈妈，我想要制订寒假计划。"

"嗯，好的。"我很淡定地说。

儿子看着正在电脑前忙碌的我，开始撒娇："妈，你快别忙活了，我们一起来制订计划嘛！"

我暗自发笑，这家伙果然有自制力了，放假后痛快地玩了两天就忍不住了。

儿子很顺溜地指挥："妈妈，快点开这个，帮我建个电子表格……"

果然是我的儿子，都知道套路了，我心里一阵窃喜。

儿子略加思索："我想8:30起床。"

我迟疑了："这个有点迟，嗯……好吧，同意。"

儿子看着以前的底稿："练字、预习、阅读、练琴还是得有的。"

我一脸平静："可以，依你。"

儿子："再来个体育锻炼？练习骑车、打篮球呀什么都可以……"

我一边打字一边回答："没问题！"

儿子狡黠地看着我："让我想想啊，我最喜欢的自由活动时间要长一点，就从晚上七点到九点半吧。"

我用怀疑的眼神回望他："你20分钟之内能够保证洗漱完毕吗？"

儿子一脸爽快："当然了。"

我敲下最后一个字："好嘞，完工。"

儿子急了，连忙制止我："等等，妈妈。你还要在最底下给我一些不同的标记,这样才能写上我的升级记录呀,我还想要奖励呢!"

我差点儿笑出声来:"好吧,你说怎样记录才好?"

儿子扳着手指头数了起来:"完成8项任务一颗星,完成6~7项……"

"儿子,你赢了,我全部同意!"

寒假果宝特工修身计划

项目	时间	1月29日	1月30日	1月31日	2月1日	2月2日	2月3日	2月4日	2月5日	2月6日	2月7日	2月8日	2月9日	2月10日	2月11日	2月12日	2月13日	2月14日	2月15日	2月16日
起床	8:30																			
早餐	8:30—9:00																			
作业	9:00—10:00																			
练琴	10:10—10:40																			
预习(举一反三)	11:00—11:40																			
书法	2:00—3:00																			
锻炼(户外活动)	3:00—4:30																			
阅读	4:30—5:50																			
晚餐	6:00—6:30																			
自由活动	7:00—9:30																			
就寝	9:30—9:50																			
完成情况																					
备注																					

(未完成:×;完成项目:√)(完成8项:★;完成6~7项:☆;完成3~5项:◆;完成3项以下×)★★★=☆☆☆=◆(15)=奖励 每个"×"扣★或扣☆或扣◆◆◆◆◆。

此后的假期,果果进入第三个层次:自己主动制订计划并开始自我管理,我只是一个见证者与陪伴者。

四、让孩子看到未来的无限可能

经过前面漫长的培养过程,果果的自主学习能力在进入初中之后全部展现出来。初一暑假,他开始自学初二的大部分内容;到了初二,学习更加得心应手,慢慢学习初三的知识;进入初三,收到少年班的准考证后,便开始制订高中学习计划:前四个月完成高中所选科目的学习,中间两个月的时间进行巩固提升,最后两个月回归到高考试卷。并且,他还将前四个月分成三个阶段,第一阶段自学数学与物理科目;第二阶段自学生物与化学;第三阶段着手进行语文和英语的学习。

按照他的学习计划,这一年非蜕好几层皮不可,但他却乐此不疲。看着他现在每天斗志昂扬的样子,我想起他读六年级时的状态。

那时,他隔三岔五就唉声叹气,而且冷不丁冒出一句话:"妈妈,我可以跳级吗?"

"妈妈,我想跳级,现在没有学习新课程,几乎每天都考试,很乏味。"

"妈妈,那些知识并不难,我觉得我可以跳级。"

那时,我认为他并不具备跳级的实力;同时,周边学校并没有为跳级学生提供宽松的渠道。这太冒险了,但我不能打消孩子的积极性,于是向他说明我的顾虑,希望他能知难而退:"果儿,你没有提前学习就贸然跳级,很容易导致跟不上新年级的节奏,又错过了原有年级的课程。到时候,你进退两难就尴尬了。"

此后,他没有再提跳级的事情,从六年级正常升入初一年级。惊喜的是,自从进入初中后,他所有学科都像开挂一样,每次考试都名列前茅,而且各科都在均衡发展,曾经有好几科都拿到"单科王"。我认为,这得益于他小学时丰富的阅读和我不功利的家庭教育理念。

他在新环境里找准自己的位置后,越发自信,学习节奏也越来越快。

不久,转机出现了。就在他读初一的那个暑假,因为我的工作变动,他面临一个选择,留在原学校,或者跟着我到新学校就读。而新学校是一所十二年一贯制学校,既有正常的"633"学制,也提供"5.5+2.5+4"的学制让学生选择。

在得知有更多学习的选择时,他深埋在心中的小火苗,噌的一下蹿了上来："妈妈，我要到新学校去，而且我就想选择"5.5+2.5+4"的学制读对接班。"

这是一个契机，确实可以让果果尝试一下。只是，他如何能跟得上对接班的步伐，听说这个班已经将初二上学期的数学和物理学习了一大半，而果果还没有摸过物理书。

检验果果自主学习能力的时候到了，我充满希望地看着儿子："亲爱的儿子，决定权在你手上，如果你能在暑假达到这个班的进度，就有机会通过考核就读对接班。如果追不上，按部就班读其他班也很好。"

"妈妈，我决定了，就要读对接班。"

我调侃他："需要妈妈给你报个辅导班吗？"

果果白了我一眼："妈妈，你太小瞧我了，我可以自学的。"

于是，在初一的暑假，果果面临着人生第一次重要选择，这是他在为自己的选择权而努力，也是在为埋藏已久的梦想而拼搏。就在那个暑假，果果第一次展现了他的自学能力，在短短两周内学完了整整一本物理书的内容，数学也没有落下。

果果真的学懂学透了吗？会不会是囫囵吞枣？我请同事为他答疑解惑，最后得到的反馈是：儿子非常了不起，所有知识点都已经掌握。就这样，果果用他的努力敲开了新学校对接班的大门，不仅跟上了新班级的节奏，而且很快就稳定在前三名。

仅仅读了一个学期，果果在初二的寒假又开始"异想天开"："妈妈，我能参加明年的高考吗？"

我听到果果的问题，一下子惊呆了："他明年才读初三呀，正是紧锣密鼓准备参加中考的紧要关头，怎么可能参加高考？这简直是天方夜谭！"

我确实看到过一些类似的报道，可报道中的主人公不是天赋异禀的神童，就是有家长专职培育孩子，而且从小就展露出才华。我的儿子只是一个普通的孩子，是万千学子中最平凡的一员，他的想法会实现吗？可能只是如流星划过，最后消失在天际吧。我没有尝试，所以无法给孩子肯定的答复，只好不置可否："有机会，我们再问一下有经验的亲戚朋友，或者请教老师吧。"

进入初三后，9月18日，班主任刘老师将中科大少年班的招生简章发到了班级群。我了解到，报名参加考试的基本上是高一、高二的学生，初三学生参加高考是史无前例的，于是我没有继续跟踪关注。没想到，这份招生简章却在果果心里激荡起无数浪花。他在酝酿了十多天后，终于忍不住在临近报名截止日期时告诉我："妈妈，我想要报名参加。"

明知希望渺茫，却还要报名试试看。儿子的想法令我动容，我打定主意，既然儿子是一个追梦少年，作为母亲的我就应该全力支持。成功，即精彩；失败，也是经历。无论结果怎样，尝试过就不后悔，更何况儿子的豪情与壮志是如此可贵。于是，我们抢在最后几天注册账号，填写表格，整理材料，加盖公章……10月6日，终于在截止日期前提交了申请材料，接下来就是漫长的等待。

10月21日，估摸着审核应该结束，我点开中科大官网查询结果——审核未通过，我揉了揉眼睛还是那个结果。是因为年龄太小而出局？还是竞争过于激烈而被淘汰？具体原因我不得而知，果果也沮丧极了，但没有因此停下学习的脚步。

直到有一天，转机出现了。10月22日，班主任刘老师把东南大学少年班的招生简章发到了群里。有了前面的经验，这一次我们的准备更充分：自荐信字斟句酌，辅佐材料丰实全面，完整展现了果果的特点与优势——

我叫果果（隐去真实姓名），来自贵校吴健雄学院2020级学生×××

的母校。×××是我的偶像，他的学习经历让我对东南大学充满向往。虽然，严格来说，我现在是一名初三学生，但是我校有对接班，我初二结束就直升到高中部学习，并屡次获得年级第一的成绩，目前已经自学完高中大部分课程内容。

我从小兴趣爱好广泛，喜欢弹钢琴、画国画、下围棋以及计算机编程，曾获得过一些大大小小的奖项。我喜欢人文历史，曾在小学时参加央视少儿频道"赢在博物馆"比赛，成绩优异。我一直对手工机械制作感兴趣，从自己手工拼装模型，到用3D打印笔设计并制作模型，再到自学3D打印机建模，不断升级，乐此不疲。初中阶段，我多次获得"全A之星""优秀学生会干部""三好学生""单科王"等荣誉，并代表学校赴日本研学交流。因为热爱学习，我用一年的时间学完初二、初三的全部课程且在全年级名列前茅。

我对东南大学充满向往，因为她不仅是百年老校，还有深厚的文化底蕴、良好的学术氛围、强烈的时代气息和追求至善、保持卓越的治学理念，更是我的偶像×××深造的殿堂。请贵校给我一次宝贵的机会，若有缘成为东南大学的一员，我希望在理工科方面有所建树，学习前沿的知识和技术，为祖国的发展作出贡献。

等待的日子依旧漫长。

11月8日，班主任刘老师提醒可以查询审核结果。我点开网页，看到了四个大字：初审完成。这是通过审核了吗？是不是意味着果果已经获取了参考资格？没有确切的消息，我心中始终不能安定。11月11日，我收到了来自东南大学少年班的快递——专属于果果的准考证。

一刹那，我百感交集，内心波涛汹涌：是儿子坚持尝试，才拿到了准考证；是他用行动告诉我，一切皆有可能。

那一刻，我耳边又响起了儿子清脆的声音："妈妈，我能在初三参加高考吗？"

其实，回答这个问题的不是我，而是儿子自己，是他用永不放弃的精神和勇往直前的决心找到了答案。还好我没有阻拦，幸好我陪伴儿子去尝试，在我看来，儿子能收到少年班寄来的准考证就是一个奇迹。

儿子今年读初三，明年参加高考。这不是揠苗助长，而是厚积薄发。只要我们遵循孩子成长的规律，运用科学的方法，永远让孩子对未来充满希望，就能创造一个又一个奇迹。

学后测评

1. 简答题：给孩子一段打底的慢时光有什么作用？

2. 简答题：提升孩子思维品质的10条流程起到哪些作用？

3. 简答题：帮助孩子制订学习计划，有哪些注意事项？

4. 简答题：你认为帮助孩子制订学习计划的目的是什么？

5. 实践题：学习完本课时内容，请你试着和孩子一起制订假期学习计划并想办法让孩子主动制订计划。

第三节　被保送硕博连读的"笨小孩"

陈伟，经济学博士，苏州大学副教授。

那年，孩子刚上小学，我们一家三口去浙江安吉游玩，看到路边有人卖现场刻字的竹笔筒，就买了一个，并在上面刻上这样的嵌名联——

陈醇丹桂香丰秋，施恩济世德泽培

和所有为人父母者一样，这幅嵌名联中饱含着对吾儿小培的希冀和美好愿景。

当朋友们获知小培被保送中科院硕博连读的消息之后，纷纷向我们表示祝贺，夸赞小培的优秀。对此，我们深感欣慰，但更多的是一笑了之，因为我和培妈深深地知道，我家小培算不上优秀的孩子，甚至还是一个"笨小孩"。就拿初一和高一年级的成绩来说，从全校来讲，是排在比较靠后位置的。高二按成绩分班，他被分到理科最差的班级就是最好的明证。从小学到高中，他的成绩都很一般，幸运的是他勉强考上了高中，也算考了不错的大学。

站在今天回顾小培的成长路，还是欣慰的，毕竟我们和小培的努力得到了相应的回报。当然，起初和所有父母一样，我们也焦虑。只是，遇见了注定不是学霸的孩子，我们能做什么？焦虑有用吗？

所以，这个时候，我和他妈妈开始转变思想。我们能做的不是焦虑，不是在他不可能抵达的高度上有过多的奢求，而是基于孩子的现实来积极应对。我和他妈妈开始看重孩子学习兴趣持续力的培养、对生活热爱态度的熏陶和健全人格的培养。至于学习的阶段性目标，只要努力了，就无怨无悔。春耕、夏耘、秋收、冬藏，日子还很长。我们要做的不是站在今天的台阶上张望未来的"香丰秋，德泽培"，而是好好耕、好好耘。如此，才可能有好结果。

所以，我愿意分享和孩子一起成长的心路历程，再次回味成长中经历的酸甜苦辣，与各位学员共勉！概括起来，也就两大点吧——做你该做的事和做你能做的事。

一、做你该做的事——做个明白的家长

思，从字形上来看，心字上面一块田，必须耕耘才有收获；想，心相，心的模样。有思才有想，思考过后的想法有模有样，未经思考的想法怪模怪样，往往误人误事。基于小培的现实情况，如果我们不调整心态、端正思想，也会误人误事。就是因为我们能直面现实，"思""想"过后，才有了下面几点认识。

1. 意在长远

很多地方有孩子过周抓阄的习俗，比如抓到钢笔，意味着孩子未来就是教师、作家这样的知识分子。实质上是父母"无限憧憬"的具象化。从讨喜的角度，这样的习俗无可厚非。但也在某种程度上表明父母对孩子培养目标的迷茫和片面理解。父母们也许明白，孩子的未来有各种可能，不是抓阄能确定的。

家庭教育真正的培养目标到底是什么呢？是希望孩子上好的学校，取得好的成绩？还是通过棋琴书画让孩子有一些爱好、兴趣，抑或一技之长？我以为教育，尤其是家庭教育应该更多地发挥孩子的主观能动性，进而让孩子有一定的创造力和可持续的学习能力。所以，在小培的培养过程中，我们不大考虑结果，只是有意识地培养孩子的主动意识、创造力和坚

持的韧性。我们不是只盯着更高的分数、更好的学校这些显性指标。这是意识的转变，当然是我们必须要面对的现实。幸运的是，我们早早地认清了"现实"，早早地做了心态上的调整。孩子培养的悲剧，往往是孩子已经明明"这样"了，却还是用"那样"的期待去要求。目标高远不是错，但如果不结合孩子的实际情况，就可能铸成大错。这是当下很多家庭教育悲剧的根源之一。

我们于是把更多的心思放在如何将小培培养成为健康的人，有价值的人，乐观的人和有主动性、创造力的人。

当我们在显性要求上放过了孩子，其实也就放过了自己。我们只管努力耕耘，孩子也能因此而健康成长，享受过程的幸福。况且无论结果怎样，我们都要好好做自己的耕耘工作，不是吗？

2. 终身学习

希拉里·克林顿说过："我第一次做你的母亲，你第一次做我的女儿，让我们彼此关照，共同成长。"父母这个职业，不是与生俱来的，是要学习的。要孩子改变，首先自己要改变，不能一门心思只想着孩子的改变。遇见孩子，父母必须走上一条没有止境的自我完善、自我学习之路。虽然我们夫妻都是大学教师，但对于为人父母这门课，我们近乎白纸。所以，为了"积极应对"小培的"现实"，我们夫妻俩也都做了学习者：学家庭教育学专业知识和可以联结孩子认知的诸多知识。这样，我们不仅以一种学习的姿态影响着小培，也更深刻地懂得学习的意义，体会到学习的乐趣。每晚聊天，孩子分享自己的趣事，你聊聊读到的趣闻，家长和孩子一路并肩成长，比家长鞭策孩子单方面成长要好得多。

孩子大了，为什么不爱和家长交流？原因不仅是"叛逆"等问题，更多的是父母不与时俱进，对新事物不了解，自然和孩子之间就缺少可以谈论的话题。父母只有多学习，多了解世界的变化，才能和孩子好好聊天。和孩子好好聊天，其实就是最成功的家庭教育艺术。

更重要的是，作为家长，我们学习提高就是在优化孩子的成长环境。父母爱学习，孩子不会差，我们一起成长，这难道不是幸福的过程吗？我们不一定很富有，但我们可以在知识上、精神上富养孩子，让孩子做知识的富二代！

3. 以身作则

这部分内容，好像和上一条有点重复，但我还是愿意把它单独拿出来和各位分享。因为我和小培妈妈为了"积极应对"小培的"现实"，在自己的处事行为、价值态度、言谈举止等方面都严格要求自己，我们深知——

榜样的力量是无穷的。父母是原件，孩子是复印件。你跑步，他会认为运动就是生活的一部分。你读书，他会觉得人闲下来拿本书读，是很自然的事情。饭桌上，你不评价别人，关注社会和未来的发展，他也会一起思考。自己做不到，或者做不好，就没有理由去抱怨孩子，甚至迁怒于孩子。

家长做好自己最重要。从长远来看，父母对孩子的三观、生活方式、如何为人处世、怎样做选择判断等影响比较大，这些是生活里摸不着看不见的隐性成分。不用刻意去教，在一起生活，影响随时都有可能发生。所以，聂冰说，"家可以自由，但不是一个可以随便说话的地方"。你说得好、做得好，就是在"好好"地教育着孩子。

其实人生最本质的东西，差别不是那么大。有健康的身心，做自己喜欢做的事，有互相关爱的家人，努力让自己有用，能创造价值，无非就是这些。或许，父母的一大职责就是：让孩子在我们身上看到，一个人是怎样在成长!

请让努力成长的孩子也看到努力成长的父母。

我们夫妻努力工作、认真学习、乐观生活,不论说是非和八卦,就是为了让小培看到成长的力量。

总之,"真正的教育,应当基于爱、自由和平常心,而不能基于恐惧和贪婪"。在家庭教育中,父母把孩子当作平凡人,以平常心对待孩子,用自身的积极心态和行动引导孩子积极成长,就会把孩子教育和培养成为一个不平凡的人。

二、做你能做的事——我的方法供您参考

前面也提到,小培的成长过程并非一帆风顺。后来他能够走到很多人梦想的路上,和我们力所能及做的事情有关。我分享出来,供您参考。

1. 给他独处的空间

小学一年级,有一次爸妈有事出去,让小培一个人在家看书。晌午时分,同事打电话过来,问:"小培有没有吃中饭?"此时我们才意识到小培一个人在家,时间已经很久了。可是我第一时间问的是"他在干吗?"同事回答是"正在看书"。

我知道那就很安全,他也很享受。其他的细节记不太清了,脑中只留下他专心致志看书的画面。这与他学前不断受到的熏陶大有关系。还是在婴幼儿阶段,我家就订了《婴儿画报》《小小诺贝尔》之类的杂志。小培妈经常和他一起看画报,讲故事。我相信刚开始孩子对内容还是懵懵懂懂的,但妈妈那在孩子听来美妙悦耳的声音对他一定是一种很好的启蒙和熏陶。《鲁滨逊漂流记》前前后后他看了七八遍,足见他对阅读的痴迷。后来每搬一次家,他经常去的就是附近的图书馆。

这里插一句，孩子的安全问题是首要的，尤其是在小时候。在安全的前提下，尽可能地让孩子自由自在。家长不可能一直看管，所以培养他的安全意识很重要。父母不但要讲道理，更要做示范！比如过马路、爬山时要讲交通安全知识，平常要讲水火电防范知识等。

上面说到小培一个人待在家里，也要确保安全，量力而行，有个渐进的过程。小培三岁就独立睡一个房间，当然睡觉前有妈妈的故事陪伴。我想这对他今后的独立性养成是有帮助的。小学四年级，妈妈因公出国。我到北京出差前，就锻炼他一个人在家的学习生活能力，主要是考虑安全问题。北京出差一周回来，小培兴奋地跟我讲在家的故事，有一次还请了其他小朋友一起过来做饭菜。独处一周的小培同学愉快的成长，可能是更好的成长。这里要感谢小区两位同事的关照，除了吃喝有保障，更是提升了小培的安全等级，包括心理安全。

2016年暑假，爸爸精心计划，每天组织小培和他同学几个人在图书馆学习，我们共去了大概十个图书馆。两周后我和他妈妈还有同事自驾到新疆，小培借宿姐姐家，仍然坚持天天到图书馆。可能有的人觉得我们做父母的心真大，孩子明年就高考了，还想着出去玩。开始也犹豫，可一贯的理念和做法促使我做出不一样的选择。

独处让孩子对自己有信心，相信自己可以做好，有丰富的兴趣和关注的领域，这些都很重要。因为到了初中，尤其是处于青春逆反期，他会面临很多挑战：科目增多，竞争激烈，渴望自主，这时，之前建立的对自己的信心、上进心，对未来发展的憧憬、兴趣和目标，就会发挥作用。家长控制过严，孩子就用很多能量来与你对抗。家长要百分百地控制，孩子就会拿出整个生命来对抗。给孩子一定空间，他就可以把这些能量用来思考、判断、发展，结果他会做出更好的决定。君不见，被追着喂饭的孩子，越长越瘦；被盯着唠叨写作业的孩子，越来越厌学。

家长要学会放手，让孩子独立成长。只要我们认真对待、准备，"放手"会取得更好的效果。管，是为了不管；自律，才能自在。放手，不是放任。针对孩子不同阶段，就像放风筝一样，迎着风的方向，有节奏地收放结合，这样才能飞得更高、更远。培养孩子大方向要对，以人为本，意在长远，这样才能收放自如。

2. 尽可能多维度陪伴

适当的独处有益，然而陪伴才是最长情的告白，尤其是在孩子小的时候。

"Z世代"的孩子容易是宅世代，独处似乎是自然的、流行的。所谓过犹不及，孩子不愿意走出去，不愿意和同学交往，有的甚至陷入虚拟空间而无法自拔。长此以往，对孩子身心健康极为不利。所以独处是有限的、相对的。整体上要鼓励孩子走出去，走向大自然，走进社会。多交朋友，多体验、感受生活的美好，让人生更丰满！培养孩子的审美情趣、社会交往能力，促进孩子的全面发展。

这个过程，需要父母陪伴。

2003年3月，我们大学工会组织去杭州和普陀山。这是小培第一次出远门坐这么长时间的汽车，第一次乘船。他表现非常好！上车休息，下车活蹦乱跳，几乎都是自己走，自己爬山。江山如此多娇，孩子小的时候就应当尽量让他去见见世面。五年级有机会参加为期一周的新加坡游学活动，第一次搭乘飞机，第一次走出国门，小培很是兴奋！当然，收获也很多。经历过，拥有过，孩子才会胸怀宽广，内心强大。每个人在成长过程中，真正塑造他们的，或许不是知识，而是他们的"经历"，是生活中发生的对他们有意义有影响的"事件"。

2005年，我们成为新苏州人，遍览所有园林，有的还去过好几次。

一有机会，我们就一起去看演出、看电影，参观各种博物馆、展览会。

最日常的陪伴，就是一起看书，在家里，在图书馆。偶尔也会看电视。从小时候的《动物世界》《人与自然》到《佳片有约》《对话》等。最辛苦的陪伴是我俩徒步"灵树线"、环太湖骑行！最少的陪伴是陪他写作业。小学可能有一些，初中的话，通常一家三口吃完饭聊会天，我俩去散步，他写作业；高中他住宿，晚自习经常陪伴他们的是老师。因为我们的理念是，作业是他的事情，应该由他独立完成。

有些事情本来是当任务，或者说一个人不大可能去完成。你参与其中，慢慢地，也变得喜欢。比如骑车，小培在大一做过学校自行车学会会长。如果不是小培，我们大概不会买两辆自行车，与孩子骑行，乐在"骑"中。就在写作此文的今天下午，我还和他一起进行环太湖骑行呢。

"陪伴"是生活的一部分，"陪伴"成了我们享受生活的一种方式。孩子慢慢长大，我们陪伴的机会越来越少，所以不但要珍惜，而且要提高陪伴的质量。

陪伴也可以借力于他的同学。初中的时候，小培和几个要好的同学，双休日经常来场"三国杀"。即使现在一有机会，几个"铁杆兄弟"也会"拼杀"一番。孩子其实最需要的是同龄人的陪伴。对于孩子们而言，同龄人的陪伴是一种无法取代的美好，不用担心犯错，可以完全地放飞自我，有充分的成长空间。

3. 心底无私天地宽

良好的心态是执行正确理念的保证，是"润物细无声"的前提。然而要建立良好的心态，心理上的培训和实践是远远不够的，更重要的是需要父母对孩子无私的爱。爱是最大的驱动力。德国教育家福禄贝尔说："教育之道无他,唯爱与榜样而已。"那么,真正对孩子的爱是什么?

在陪伴小培成长过程中,我认为下面三点最重要。

(1)以亲情之爱,给孩子创造良好的家庭氛围。家庭教育要给孩子正确的亲情之爱。盲目的爱不可取,只有懂得孩子的成长规律,懂得教育的科学性,才能真正地教育好孩子。要让孩子知道父母永远"爱他",而不是"成绩好的他",要让他永远有希望。这样就营造了积极而有教育意义、高支持性、科学的家庭教育氛围,这是助力孩子健康成长、不断发展的关键因素。

和谐的家庭气氛,为孩子的健康成长创造了良好基础。温馨的家庭氛围可以体验到积极乐观和和谐的人际关系。当然这个过程中,家长要学会与孩子沟通,尊重孩子在不同年龄段的行为,尊重孩子的意愿。给孩子一个展示自我的空间,与孩子建立良好的家庭关系,让孩子从良好的家庭环境中去感受美好生活,促进孩子身心健康成长。

(2)以理性之爱,给孩子直面生活的勇气。我们要学会怎样去爱孩子,要从认知上去改变。首先,要改变我们对快乐的误解。我们的目标,不是要让孩子时刻都快乐。所有的弯路、挫败、失望、被拒绝、无法满足、无聊、适度压力、负面情绪……都有价值,都值得珍视。其次,改变"爱就是呵护"的理解。爱是接纳、关注、尊重另一个生命。所以,爱也是不越位不侵犯不剥夺。要给孩子机会,把他放在主动的位置上,让他通过直面生活来成长。

(3)以健全心态,给孩子向上的力量。狄更斯曾说过,一个健全的心态比百种智慧更有力量。陪小培成长的过程中,我和培妈相互提醒,反复告诫彼此,不要和别人比,不要有不合理的期望,不要急功近利,甚至不要输不起。要始终保持积极的教育心态,要在家庭中努力持有平和、包容、尊重和快乐等积极心态。

各位学员，我们知道有积极心态的父母，能尊重、理解和接纳孩子，会用爱心、耐心、责任心对待孩子成长过程中的各种问题；持有积极心态的父母，具有积极的行动，善于控制和调节自己的消极情绪。更重要的是，我们持有积极心态，每天快乐地生活、热爱工作、积极进取，内心充满正能量，就可以在无形中给予孩子积极的心态和满满的正能量。

而这种积极心态和满满的正能量，就能保证无论基础怎样的孩子，都可以朝着最美好的前程持续奔走。小培，是这种持续奔走的受益人。

小培被保送读研，是一份惊喜，是我们一家人一起成长的美好结果。借此，作为家长，我们要感谢小培，给我们带来生命的惊喜，让我们有机会与你一同成长。也感谢各位学员朋友，让我有机会回味过往，表达自己对陪孩子成长的一点见解。

学后测评

1. 简答题：通过本课学习，你认为"亲情之爱"是什么？
2. 简答题：多维的陪伴，可以有哪些维度？
3. 论述题：简述给孩子"独处的空间"。

第二讲 "别人家孩子"带来的启示

第一节 启示1：幼儿阶段的高质量陪伴

范未，幼儿一级教师，苏州市高新区狮山横塘街道最美教师，省幼儿研究课题特等奖获得者。

幼儿阶段的高质量陪伴非常重要，今天我们就一起来聊一聊提高幼儿阶段家庭陪伴质量的那些事儿。对于陪伴的重要性，用不着我多说，各位都懂。那么，如何提升家庭陪伴质量，让孩子更健康地成长呢？

我认为有以下几点策略，需要我们好好掌握。

一、理念一致，稳定孩子性情

先和各位分享一件真事——

朋友然是一位退休幼儿园教师，一退休就兴致勃勃从老家赶往女儿家帮带外孙。她说："我要把自己几十年的教育理想在外孙身上实践。"结果没多久，女儿女婿甚至亲家公婆就对她有诸多不满。用她的话说就是，自己的一片好心换来了一地鸡毛。

这是典型的教育理念冲突的表现。幼儿阶段，孩子的自我意识还没有完全建立，如果家庭成员之间意见不统一，就不是造成家庭冲突这么简单，它还会影响孩子的内心世界。幼儿内心就会时时感觉到冲突和矛盾，从而导致幼儿长大以后性情不稳或自我否定意识强烈。

性情稳定，是育人最重要的一环。

此时，如果家庭成员之间的教育理念有冲突，一定要敞开了沟通。实在"沟而不通"，那么明智的人一定要选择一方放弃，而让另一方主导。这时候你需要守住的底线是：没有任何一个人不想把孩子带好！

二、亲密接触，陪出孩子的归属满足

也从一件真实的事情说起——

朋友未，某大学教授。他的孩子并不聪明，但是他的孩子做事却显得从容大度、淡定自然。没想到上了大学之后，这种行事方式和生活态度，竟然让他在专业和人际上都获得了极大丰收。大三就被保送知名高校的硕博连读。未告诉我说儿子从小喜欢跟他睡，而他总是喜欢在睡觉的时候摸摸儿子的小脚或者抚摸孩子的背部或者干脆抓着孩子的小手睡觉。

稍微大一点，他会带着儿子去大的浴室洗澡，给儿子搓背，也让儿子为自己搓背。

各位可以发现，未和儿子之间其实是一种"亲密接触"。在孩子婴幼儿时期，这种亲密接触，可以通过皮肤的传递，让孩子感受到父母的爱，而这种爱的感受是孩子归属感得以满足的重要方式。有教育家说，3岁以内的孩子，父母就应该无条件地"溺爱"孩子。这种观点，或许您不赞同，但它至少反映了婴幼儿时期让孩子感受到"爱"的重要性。"陪伴"是充满温情的，走进幼儿内心的陪伴才是更有意义的陪伴。如果孩子在婴幼儿时期充分体会到"爱的包围"，他的内心世界相对而言就会稳定很多，长大后就会多一份平和与淡定。

三、平等赞美，陪出孩子的价值感

人的价值感是自尊、自信的基础，是动力的支柱。价值感的生发，有三点需要关注。

1. 让孩子觉得他被重视

父母首先要站在平等的角度与孩子对话，倾听孩子的心声，不轻易打断他们，让他发自内心地觉得自己是被重视的。家长可以通过询问"你是想要……吗？""这是什么？"引导幼儿一步步说出自己的想法，或是模仿孩子的行为与其互动。

2. 培养孩子的自我认同

让恰当的赞美帮助幼儿理解自己的行为，更好地获得自我认同。陪伴中关注幼儿的成长，不因还未达成某种行为轻易否定幼儿的努力。改变以往命令式的口吻"你去……"转用鼓励式的口吻"试一试……""如果……就更好"积极引导。评价时关注自身的特点，少用"你真乖""你真棒"，说清赞美的事件、具体行为。少用"不乖""不好"，多让孩子感受行为带来的后果，而不是因为家长激进的语气，愤怒地认为孩子行为的不恰当，多与幼儿平等对话。让孩子从内心感受自己是被接纳的，如"我不喜欢你这个行为，但是我还是爱你的"。以减少叛逆行为、逆反心理的产生。

3. 放低家长的"已知"

家长陪伴孩子，重在一个"陪"字，把自己放低到和孩子一起成长的位置。例如，当孩子遇到问题时，切莫直接告诉孩子答案，或者运用"这个很容易，你想想哟"式的启发。因为这些做法的背后就是你是"先知"，你"无所不能"。长此以往，孩子会觉得自己很笨，会产生一种

"习得性无助"。如果家长放低自己的"已知",愿意向孩子"请教"或者一起探索答案,孩子的价值感就会得到满足。

四、重视互动,丰富陪伴内容

陪伴,不要仅看作亲子相处的行为,有两个方面一定要重视起来。

1. 重视陪伴中进行的互动

亲子互动,是整个陪伴的关键落地策略。再美好的陪伴设想,如果没有亲子互动做依托,都很难落在实处。所以,父母在陪伴孩子过程中,一定要注重游戏的价值、活动的价值。具体而言,亲子互动有以下几个作用:

(1)有联结亲子之间的情感联系,有助于个性的完善和发展。

(2)有利于激发孩子的内在潜能。亲子互动的过程,就是孩子动手动脑的过程,就是动手能力和智力的提升过程。

(3)体验初步的交往关系,有助于社会性关系的发展。

2. 要丰富陪伴内容,促进孩子的全面发展

陶行知先生曾提出:"生活即教育,社会即学校。"孩子切切实实生活在与我们共同的社会中,社会中的人事物都是重要的学习资源。带孩子去菜市场、超市可以丰富生活经验;带孩子去图书馆、电影院、博物馆、动物园、景区景点可以拓宽孩子的知识面,接受良好的熏陶;带孩子去饭店、居委会、消防局等可以使孩子感受职业的特殊性,萌发对未来职业的向往;带孩子参与义卖、慰问等活动,可以让孩子感受亲情的温暖,珍惜来之不易的幸福生活;带孩子去参加小PARTY或大饭局,有利于培养孩子基本的礼节礼仪;等等。

学员朋友,在孩子成长阶段家长陪伴的学问还有很多。在我看来,这四点尤为重要。但愿我的分享,能让你有所收获。愿我们的努力都有收获，能成为孩子心中的好爸爸、好妈妈，在陪伴孩子成长的过程中收获满满的幸福，收获孩子的健康成长。

学后测评

1. 思考题：有家长喜欢讲"隔壁家的孩子"的故事，想借此来鼓励自己的孩子，你怎么看这个问题？

2. 简答题：亲子互动有哪些作用？

3. 简答题：陪出孩子价值感的方式有哪些？

第二节　启示2：唤醒孩子的阅读力

高翠丽，大学教师，博士，全国首批红读计划实践与研究名师工作室负责人。

前面范老师侧重于婴幼儿家长陪伴的分享让我们收获了很多，我这里更多从基础教育阶段家长的伴学角度与各位进行分享。

还记得《家有儿女》中那段经典的对白吗？

刘星问妈妈："妈，你当初为什么不逼我？"

妈妈说："小时候给你报这班报那班，想让你学，是你自己不好好学啊！"

刘星反问道："我不愿意学，您就不让我学了？那时候我还小，我不懂事，您还不懂事吗？您就应该从小培养我、教育我，从小您就逼着我学呀！"

如今再品这段对白，依然触动心灵，甚至触目惊心。作为家长，如果不懂得陪伴孩子学习，那将是多么遗憾的事情。很多家长，知道"要"成绩，或通过施压或通过奖励或通过补习等，就是不知道成绩是"要"不来的，但可以"陪"出来。所以，今天我们交流"如何陪孩子学习"就显得特别重要。下面讨论的内容我将依据自己养育两个孩子的成功经验，也有诸多失败的教训和大家分享。当然也有我从上千名学生中选取的优秀典范和令人扼腕叹息的案例！需要说明的是，我讨论的范围仅限在15岁以下，高中阶段孩子的学习不在讨论范围之内。

先从我在大学教的一个学生的经历说起——

养孩子就像发射卫星，花费数年的心血精心确保每个细节和数据的正确，时刻警醒不让卫星有任何偏离轨道的可能，最后一朝发射成功，考上大学，然后卫星就消失在茫茫的外太空，只剩下定期或不定期地发回来一些微弱的信号……生活费……生活费……生活费……

把生活费发给了卫星，叮嘱卫星吃好穿暖……卫星又发回来微弱的信号……别叨叨……别叨叨……

这个段子，也确实反映了部分现实。现实中很多孩子，一旦进入大学就彻底放飞了自我。天天打游戏、睡大觉、谈恋爱，过着醉生梦死的日子。更有不少大学生因为逃学、成绩不好被勒令退学、留级、留校察看……作为老师，我们都是非常痛心的。

但是，也有另外一种大学生，会让你心生敬意。

他，那年大三。听说他很能干，自己销售东西，比如电话卡，还有一些零零碎碎；偶尔还逃个课。当时我打了个问号：这样的孩子，哎！

我对他印象最深刻的是，我的课他最喜欢坐第一排，听课很认真。当时，我心想，这个小伙子还算有数。因为我教的是"生物化学"，学过医学的同学都知道，这门课是"名补"，补考的补。每年我都是抓补考专业户，不是故意的，这门课实在太难，学过的人都懂得。这名小伙子，除了上课，我没怎么见过他。据说他很忙，学生会主席，××部部长，××协会会长，反正哪里热闹都有他。期末考试成绩出来了，他居然是最高分……这个怪才，我当时暗暗地想。

后来他放弃了保研资格，选择自己考研，要考"生物化学"，找我辅导专业课。这样我们开始了密切接触，也聊了很多事情，我慢慢知道，他家里很有钱，温州人，大学时他每个月做小生意，好的时候一个月能挣两三万，不好的时候也有七八千。讲到这里，我要冷静一分钟，你们知道吗，我那时候一个月的工资才两千多。后来他顺利考上浙江大学的研究生，专业第一名。研究生期间，还发表了多篇优秀论文，现在已经博士毕业，他没有走向科研之路，而是创业，现在企业规模已经很大了。

我问他为什么要一直读研读博呢？家里条件那么好，直接创业或者继承家族企业多好。他回答我说，他喜欢读书的感觉，他想一直这么读下去，可惜学制就是这么多年，如果有，他还会一直读下去。他说，他一辈子都不想在读书这件事上毕业，他要读一辈子。当我问他为什么这么喜欢读书时，他说是他父母从小的陪伴阅读，让他爱上了阅读。

各位，你是否发现，这个孩子因为爱上了阅读，他的大学生活变得丰富多彩，他的综合能力得到了极大提升，他的事业获得极大成功。当然，你也会发现，他的学业有多么优异，且又多么轻松。

为什么一些孩子"沉沦"，而另外一些孩子却如此优秀？区别在于父母！当我们告诉孩子，你现在好好学，考上大学你使劲玩；是谁，告诉孩子们，考上大学就不用学习了……到底是谁让孩子变成醉生梦死的样子……

所以，我想说——

想让孩子更优秀，请让孩子爱上读书！阅读将为孩子的成长装上一部发动机！想陪写作业不累，请让孩子爱上读书！书香宝贝都是写作业的天使！想让孩子更健康，请让孩子爱上读书！想让孩子更美丽，请让孩子爱上读书！

腹有诗书气自华！若有诗书藏在心，岁月从不败美人。

所以陪孩子学习，第一陪就是"陪孩子爱上阅读"。

阅读之于孩子学习能力的培养是最为重要的根基。

说起阅读，大家都知道它的重要性。孩子入园培训、入学培训、期末期初的家长会等，老师都会再三强调一定要让孩子多读书。"得阅读者得语文，得语文者得高考，得高考者得天下""不会阅读，数学也学不会""阅读为王"这些满天飞的阅读论，铺天盖地地出现在各大媒体上。

但书怎么读？怎样读书才高效？孩子不爱看书怎么办？孩子只爱看某一类型的书怎么办？孩子只看漫画不看名著怎么办？这一系列问题却鲜有答案。

我作为一名国家级阅读实践名师、两个孩子的妈妈、大学教师，想和大家交流三点建议。

1. 高度重视，尽早下手

阅读这件事，越早培养越好。多早呢？胎教开始也不算早，现在10岁了，也不算晚。阅读有多重要，前面我列举的那个大学学生的案例就是最好的说明。孩子有多爱读书，他将来就有多优秀。

在这里，我想把养孩子和种庄稼做一个比较。如果你是地主，地大物博，可以粗种薄收，总产量应该有保证。可是我们现在只有一两个孩子，只有精耕细作，才能达到地少丰产的目的。如何达到量少多产的目的呢，那就是要给庄稼创造最好的生存环境和提供必需的营养，那就是要有肥沃的土壤、温暖的阳光、合适的水分、清新的空气，培育好它的根基。

这根基就是阅读！

2. 给自由，别干涉

孩子想看什么就看什么，想在哪看就在哪看，想怎么看就怎么看。古人看书有"三上"，就是"马上""车上""枕上"……古人提倡自由阅读，现在很多家长看不得孩子斜着歪着看书。一旦撞见，马上火冒三丈，义正词严地训斥孩子。训斥完自己却马上来个葛优躺，四仰八叉地躺沙发上玩起了游戏……

家长朋友们，咱们口口声声想让孩子看书，可为什么孩子在那里好好看书，你要说这也不行那也不行？家长这样做大大破坏了孩子的阅读兴趣和专注力，自己却浑然不知，还一直追问孩子为什么不爱读书？有一句话说得好，"明明是你剪断了我的翅膀，还怪我不会飞"。所以说，孩子读书时就让他安静地读，享受地读，悦读悦乐，孩子享受到了阅读的幸福不就越来越爱阅读了吗？

另外，家长对孩子的阅读内容也喜欢干涉。实际上，在运营绘本馆多年的过程中，我发现了这样一些现象：很多小学的孩子，尤其低年级的孩子最喜欢看漫画书，像"大中华寻宝记"系列，"植物大战僵尸"系列，"冒险岛"系列，"丁丁历险记"等，孩子们都爱不释手，边看边乐。有的家长看到这一幕就气不打一处来，说居然看动画书，《植物大战僵尸》，听听这名字，还能学着好？

我想说，亲爱的家长，您看过这本书吗？如果您没有，怎么说书不好呢？如果一个人叫"孬蛋"，你没见过他就敢说他是坏蛋吗？说实话，"孬蛋"是我叔叔的名字，他实际上是我们家族出了名的好人呢。

家长们总是喜欢买名著，一堆堆地买，让孩子读名著，因为是老师让读的。实际上，在孩子低龄阶段，很少有孩子喜欢读名著。亲爱的家长朋友们，你有没有这样的苦恼，家里名著买了一大堆，孩子们都不看呢？在此，我想告诉各位家长，读绘本读漫画等，这是孩子阅读习惯养成过程中必不可少的一步。家长们想让孩子读名著，这没错！可孩子的能力还没达到，他的认知能力、想象、情感发育，都不足以支撑他能读懂名著。

孩子的阅读发展曲线是这样的：

（1）孩子看绘本，在阅读层面上，是营养丰富又全面的奶粉，这个奶粉可以吃一辈子。在此，我希望家长朋友们记住这句话，绘本是适合所有年龄段读的书，不仅仅是幼儿阶段。

（2）孩子再大一些就可以吃米粉了，回到阅读层面，这就是漫画书了。

（3）名著是硬骨头、是牛腱子肉，营养丰富，但不适合低龄儿童阅读，因为他们读不懂。漫画的阅读是每个孩子成长过程中不可跨越的一步，如果家长限制了不让他看漫画书，家长的这种行为无疑是拆掉了孩子通往阅读名著乃至阅读习惯的桥梁。在此，我想说的是，也有一些低龄儿童能看名著，我敢肯定地说，那是家长逼迫的。如果有漫画有名著，你看一个10岁的孩子，他是选择名著还是漫画，我说的是自由选择，不加干涉，家长们可以自己试试。

3. 不功利，保兴趣

阅读本来是一件极好的事情，可是有的家长总是功利心作怪：有的家长喜欢逼着认字；有的家长喜欢让孩子背诵；有的家长喜欢让孩子看完书抄好词好句；有的家长喜欢让孩子做复读机（复述一遍）；有的家长喜欢让孩子写读后感；还有的就是"十万个什么"，如中心思想是什么，主人翁的性格是什么，体现的精神是什么，表现了什么……反正就是孩子读了书，决不能轻易放过他……我想说，不出三次，孩子就不读书了，家长太吓人了，是不是？

兴趣第一，亲爱的家长朋友们，如果孩子的兴趣都被你扼杀了，还谈什么阅读啊！

学后测评

1. 简答题：阅读对孩子会产生哪些影响？

2. 简答题：孩子的阅读发展曲线是怎样的？

第三节　启示3：如何陪出孩子的好成绩

高翠丽，大学教师，博士，全国首批红读计划实践与研究名师工作室负责人。

前面我们分享了陪孩子学习的"第一陪"，那就是让孩子爱上阅读。这里，我将和大家分享的是家长陪伴孩子学习的最佳姿态，也就是陪孩子学习的"第二陪"。各位一定会明白，我这里要谈的就是如何陪孩子学习的问题，也是各位更为关注的问题。

一、家长要做学习的榜样和支持者

1. 做孩子学习的榜样

陪孩子学习，个人认为不是在孩子身边目不转睛地盯着他看，看他写错了什么字，答错了什么题目，而是自己身体力行地在孩子身边学习或者看书或者工作。当孩子需要问问题，或者需要帮助的时候，家长能够"有求必应"。"有求必应"不是指孩子提问时马上给他回答，而是让孩子能够看到你，感受到安全，确信你是一直在身边的亲人，让孩子不忧虑不担心，家长陪伴孩子学习最好的状态是要做好自己，努力学习，用心工作，心无旁骛。让孩子看到你认真又努力的样子，孩子就学会了认真和努力。以我的学员为例：

小苒，小学四年级，各门功课几乎都是第一，书写工整，听讲认真，作业完成度几乎百分之百，作业完成质量也是超级优秀，作业的整洁程度让很多大人都啧啧称奇。就在前几天，我还得知一个消息，小苒通过考试收到了我们当地最优秀的小学录取通知书，让人十分羡慕。

小苒的优秀，不仅仅是学习好，还包括各方面综合素质的优秀。游泳、画画、英语（据说现在做中考卷子能得110分以上）、乒乓球、笛子和钢琴，每门课都学得特别好，具有十足的炫耀资本。

我和小苒家长非常熟悉，因为她跟我已经学习了一年多，所以经常见面，特别聊得来，基本上聊的都是孩子的学习，学习中的问题，还有学习中的疑虑等，我也慢慢从交流中总结出了一些小苒妈妈培养孩子学习好习惯的经验和做法，其中最重要的一条就是，孩子的学习肯定要陪伴。但如何陪伴孩子学习呢？小苒妈妈谈到这个问题时强调的是——

陪伴孩子学习首先是自己需要学习，不仅坐在孩子身边那样简单，而是要真正地学习，认真而努力地学习。随着业务知识的不断更新，为了实现人生的超越，我一边陪伴孩子学习，一边自我充电。

陪伴孩子学习，是培养孩子学习习惯的需要。孩子学习过程中，永远不要指望孩子会自觉。毕竟学习是反人性的，是先苦后甜的，可孩子因为对世界认识不足，追求快乐和轻松还是孩子的本能，如果不陪伴孩子学习，失去了监管的学习，孩子很可能在学习过程中，磨磨蹭蹭，久久不愿动笔，不愿动脑思考。

孩子之所以是孩子，就是因为他是感性的，是情绪化的。他看不到未来10年、20年那么远，只知道眼前的快乐最重要。为了一时半刻的欢愉，他会察言观色，一步一步试探家长的底线。如果父母光指望孩子自觉，看似给了孩子更多的空间和信任，实际上，却让他一点点丧失了未来的竞争力。更悲哀的是，等他长大了、懂事了，还会埋怨父母当初没有尽到责任。

2. 做孩子学习的支持者

孩子学习过程中，会遇到不少疑问。这时候家长不要以指导者或者权威的姿态告诉孩子答案是什么或者解题步骤是怎样的？而是"你先给我讲讲你的思路，我们看能不能一起找到方法？""看你学习过的东西有没有类似的，我们拿出来看看，看是否对这道题有启发？"或者干脆就是"我做做试试"（但你不要一下子做对），或者"我相信你可以做出来的，慢慢来！"（这个时候你泡杯牛奶，让孩子舒缓一下脑筋）等。让孩子感受到你是他的学习伙伴和指引者，而不是直接告诉答案这样简单的方式。因为你的"知"会让孩子形成依赖，长此以往，会让孩子形成"习得性无助"心理。

二、要少一些商量和民主，多一些规矩

我前面提到的小苒妈妈曾经说过这样一段话：

孩童时期，本来就是最没有自控力的时期。这一阶段，他们真正擅长的是知难而退，是半途而废，是避重就轻。让他们认认真真做半小时题或许做不到，但通过撒娇、耍小聪明逃避学习，他们个个都是无师自通的高手。

孩子可以任性，但是父母永远不能。没有天生就自觉、自律的孩子，有的只是狠下心严格教导孩子，并长期耐心监督孩子的父母。

"要少给孩子一些民主，多一些规矩"，这是另一位优秀学员家长的名言。民主是相对的，在一些生活的小事中，比如去吃西餐还是中餐，去上海还是北京玩，在大人们没有确定的目的时可以让孩子选择，培养孩子的参与感和责任感。但在有关学习的事情、道德的选择、人生观价值观世界观的培养方面，必须旗帜鲜明、坚定执行。

以写作业为例，孩子贪玩是天性。孩子磨磨蹭蹭地写作业，很多时候就是想玩而不想学习的心态在作怪。事实上，孩子们在借助磨蹭这种形式

来探知父母的底线，斗智斗勇地消耗时间来实现自己贪玩的天性。这时候父母要做的就是坚持原则。我们可以这么做——

1. 写作业前的规矩

①写作业前，先做好准备工作。有些孩子写作业中途，一会儿喝水，一会儿上厕所，忙来忙去，十分影响效率。家长可以和孩子约定好，每天放学回家，先把该做的事情做好，比如喝水、吃点东西垫肚子、上厕所等，再安安心心地开始写作业。②写作业前，先花一点时间复习，写完作业后检查一遍。写作业前先复习一下今天所学内容，会加强孩子对知识点的记忆，也会帮助孩子顺利、高效地完成作业，提高学习兴趣和自信心。完成作业之后的检查，是孩子自我纠错的过程，也是一个再次思考的过程，可以培养孩子踏实、细心的学习品质，也能巩固学习效果。③写作业时不能随便离开座位，不能玩手机、玩玩具，训练孩子的专注力。

2. 书写方面要工整

这方面，家长一定要做到严格要求。写字是小学学习过程中的重要组成部分。它贯穿于小学学习的始终，培养孩子的书写兴趣，培养学生在写字时的注意力、观察力，培养孩子养成良好的写字习惯等，这些都非常重要。甚至有的老师说，把字写好，把数字和英文字母写工整，在学习中除了可以帮助孩子实现卷面整洁外，还能有效提高孩子的手眼脑协调能力，对孩子学习有极大的帮助。

3. 作业要按时完成

家庭作业是教师在课堂教学之后用以巩固学生知识，培养学生能力的一种手段，是孩子学习过程中的重要组成部分，也是孩子理解、运用知识的过程，是提高学习能力和水平的必要步骤。事实上，越来越多的孩子不能独立顺利地完成家庭作业。贪玩的孩子都有自己的"小算盘"，他们或者认为做作业占用了玩耍时间，产生抵触心理；或者由于不能及时完成作业受到父母的责备，从而产生逆反心理。

叶圣陶先生说："什么是教育，简单一句话，就是要培养良好的习惯。"习惯有好有坏，好的习惯可以使人获得幸福和成功，坏的习惯会导致人生的失败和不幸，良好的习惯一旦养成，便很容易很自然地起作用，就会成为我们终生享之不尽的财富。小学生按时完成作业，也是在培养学生按时完成任务的好习惯。及时完成作业习惯的形成，对于成人来说，常通过有意的自我控制和努力，自觉地实现。而对于孩子，由于其自觉性不强，自控意识和能力较弱，要依靠外界力量，也就是家长督促和陪伴方可达到目的。

如果作业不能及时完成怎么办呢？当然，我在这里讨论的是，不是因为特殊情况，比如身体状况或者其他不能提供学习条件的情况，而是特指正常放学、回家、没有任何意外等常规情况。如果在常规情况下不能完成作业，家长就需要"狠心一点"，无论多晚，一定要看着孩子完成作业。我问过很多优秀孩子的家长，他们无一例外，在孩子及时完成作业这件事情上都极为重视，如果完不成则制定严厉的惩罚措施，例如，熬夜完成；第二天加倍作业，抄写、默写、背诵课文、做口算、背英语单词等。此处需要强调的是，家长的惩罚措施一定要严格执行。如果家长不能"言必果"，孩子慢慢就会钻空子，写作业懈怠，懒散的习惯就养成了。所以，家长制定的原则一定要严格执行，才能培养出孩子及时完成作业的好习惯。

4. 陪孩子写作业，培养的是敬畏感

这一点，好像是题外话，但是我觉得在这里很有必要和大家进行交流。

一个孩子如果对写作业有正确的认知，那么他必定不用家长操心。这个正确的认知是什么呢？主要包括：我必须写作业——写作业是自己必须要完成学习任务；我必须认真写作业——写作业是必须认真完成的学习任务；我要想取得优异的成绩是需要写作业来实现的——写作业是提高自己学习成绩的重要途径。这样的认知，是对作业有敬畏感的。孩子对作业的敬畏感，需要从小培养。

三、家长要多关注孩子平时的学习状态

生活中不少家长都特别关注考前几天，恨不得把全册的内容一口气装到孩子的脑袋里，所以考前补习班、考前冲刺班应运而生，只为孩子能够考出好成绩，正所谓"平时不努力，临时抱佛脚"。家长的这种焦虑和恐慌也给孩子带来极大的压力和恐惧。孩子在这样的心态下，无法安心复习备考，明显感受到家长的压力，甚至有可能导致孩子投机钻营地选择一些有可能帮助自己考高分的非正常方式，这样或许会导致孩子悲剧的发生，令人唏嘘。而考试一结束，靠运气考得好的概率并不高。于是乎，家长看到孩子比较糟糕的成绩，就呵斥甚至打骂孩子一顿，而不是静下心来带着孩子复习总结分数背后的原因，哪方面应该加强，以及今后的学习计划和重点，指明孩子努力的方向。考试这件事过后，心态又开始放松，思想上更是懈怠，从而重新进入原来的生活学习模式，日复一日，年复一年。期待孩子新学期新学年有新突破的想法在平时松懈的学习模式中灰飞烟灭。

优秀孩子的家长会怎么做呢？

1. 关注平时的努力

纵观那些优秀孩子的家长，会非常关注孩子平常的努力，做好平时功课（课前预习、上课积极思考并回答问题、课后总结复习、按时写好作

业、学得不扎实的部分自己找练习题复习巩固、反复练习，或请教老师问家长等）把知识在平时的过程中夯实，把疑难问题在平时的学习中分解。临考试前则认真复习，从容面对考试。

2. 从容淡定的自信

我观察过很多优秀的家长，他们表面看起来特别佛系，对孩子的学习成绩很少问，也不大关注，只是偶尔问问孩子听讲的情况如何，有没有情绪波动，有没有浮躁，只要孩子上课状态正常，就基本上没有别的事情可以沟通了。他们在孩子考试之前表现得非常淡定，那是一种有备而来的从容，那是一种有底气的自信，更是一种努力过后云淡风轻的淡定。家长这种心态让孩子更放松、更自信。再加上平时的勤奋努力，所以更容易考出好成绩。

四、家长要做好主导，而不是事事商量

"八九岁的毛孩子，为什么要事事和他商量着来，如果让一个八九岁的孩子牵着鼻子走，到底是家长幼稚还是孩子成熟呢？"

这段话很多民主派家长听了一定不舒服，因为他们认为一定要从小培养孩子的民主意识。殊不知，事事和孩子讲道理，遇事都和孩子商量，通常的结果就是孩子也学会了"讲道理"。于是，遇到事情，家长讲家长的"大道理"，孩子讲自己的"小道理"，家长再通过更多的"大道理"来说服教育，孩子则以更多的有利于自己的"小道理"来辩解。事情的发展有可能是家长理屈词穷后的气急败坏，也有可能是孩子不甘示弱后的号啕大哭。越来越多的道理，演变成了无法控制的局面。这样的场面在生活中并不少见。

在现实生活中，有很多父母表面上非常民主，其实是一种懒政，对孩

子的学习和培养毫无计划。他们在孩子学习方面表现不佳时，更愿意把更多的责任推卸给孩子，毕竟指责比负责容易多了。家长这种做法更容易引导孩子在学习过程中，寻找更多的理由和借口来逃避自己的责任，比如老师教得不好、伙伴的干扰、书写笔不好……而很少反思自己的行为。

所以，学员朋友们，在学习过程中，家长一定要做好"主导"。当然，这份主导不是主导孩子人生的方向，而是主导学习过程中的基本行为规范、价值关键、情感态度等。在确保大方向的情况下，小民主才是让孩子成为最好自己的法宝。

各位读者朋友，这里我只是以"过来人"或者兼家长、大学讲师以及基础教育阅读推广人的身份，和各位交流了一下带有强烈个人色彩的感受。希望我们的家长，把陪孩子学习这件事放在最重要的位置。因为这样的有效时间非常短暂，大概在小学一年级到三年级，只有短短的两三年时间。只要父母及时跟上、严格要求、制订严密的计划并严格执行，孩子的学习习惯养成了，那么孩子的人生之路就像开挂了一样美好。

学后测评

    1.简答题：如何做孩子学习的支持者？

    2.简答题：家长经常给孩子讲道理有哪些危害？

    3.简答题：如何做孩子学习的榜样？

第四节　启示4：多娃家庭的幸福阅读

王莉，家庭教育指导师，中国教育报刊社特约评论员，著有《书香润童年》《陪伴的力量》《童年可以如此美好》。

很多熟悉的朋友都知道我是家庭教育指导师，其实我还有另外一个身份——儿童阅读推广人。前两课时，高博士提到了"阅读"是孩子一生的根基，对此，我颇为赞同。本节课，我将从另一个角度——多娃家庭陪伴孩子阅读的角度来和各位进行交流，希望我的交流能带给家长朋友们新的启发。

近年不少家长来找我咨询类似的问题——

王老师啊，我们家里新添了小宝，这俩娃的亲子阅读如何开展才好啊！

这个问题问得好！二胎三胎政策放开后，这将是家庭教育面临的十分现实的问题。

我把这类问题归纳了一下，家长大致有以下三种困惑：一是觉得时间不够用，陪得了小宝阅读就顾不上大宝；二是精力不够用，每天给小宝把屎把尿累得精疲力竭，哪还顾得上亲子阅读；三是大宝和小宝有年龄差，读的书毕竟不一样，如何才能兼顾呢？

围绕这三个问题，我说三句话与各位进行交流。

第一句：大宝带着小宝读，亲情多美好。

对二娃或多娃家庭如何开展亲子阅读的第一种困惑是，家长觉得时间不够用，陪得了小宝阅读就顾不上大宝。大宝对家长有意见："有了小宝你们就不陪我读书了，你们偏心！"或是陪大宝阅读时小宝在一旁嗷嗷叫，总是打扰，搞得鸡飞狗跳。这可怎么办？我这里有一个极好的办法，不仅不需要家长的时间，而且不需要家长陪读，俩娃之间还非常愉快。那就是放手让大宝带着小宝读！一些家长一听这话很诧异："这怎么行？大宝对小宝有耐心吗？大宝给小宝读错了怎么办？大宝读的内容小宝不喜欢怎么办？"

亲爱的家长，你多虑了！请你放手，试着让大宝带着小宝读起来，你只需在一旁安静观察，保持安静，不要点评，更不要指手画脚。请你安静地享受这一刻——大宝带着小宝读，亲情多美好。忙碌了一天的你，看到如此温馨和谐的画面，是不是禁不住要感慨："同胞情深，岁月静好！"

大宝对小宝有耐心吗？这个问题有大人的误解和成见在。大宝不一定就没耐心，大宝甚至比大人陪小宝读书还有耐心呢，不信你试试看。另外，这种耐心是可以培养的，只要大人放手、放心，大宝就会很享受我们的尊重与信任，就会加倍耐心地给小宝读书。久而久之，大宝会对小宝越来越有耐心，同时也越来越有爱。

大宝给小宝读错了怎么办？没关系，对错没有那么重要，家长放轻松。相反，大宝带小宝读书这件事本身，比几个错别字重要得多、宝贵得多。大宝带小宝读书，这是在给小宝多么好的读书示范啊！让大宝给小宝读书，这是多么可贵的信任啊！大宝一定如获至宝，百般珍惜，自己也越来越爱读书了，还有这同胞情深，那真是千金不换啊！

大宝读的内容小宝不喜欢怎么办？这个问题问得好！所以家长还是要引领一下，家长的作用这时候就要发挥出来了。要根据年龄段，选择适合小宝阅读的内容，让大宝带着小宝读。那么问题又来了，大宝觉得小宝读的书太幼稚怎么办啊？家长可以耐心地对大宝说，你当年这么大的时候，我们给你读这些书都不觉得幼稚呢。你现在看的内容，有一些是小宝听不懂的，有一些是不适合小宝的，他听了可能会恐惧，可能会困惑。所以给小宝读书一定要精挑细选。相信大多数大宝会表示认同。另外，很多绘本真的值得一读再读，适合年龄为0~99岁，所以大可不必担心大宝会不愿意给小宝读"小儿科"的书。

我家大宝俊哥就是一个非常爱给小宝俊弟读书的好哥哥。俊弟出生第一天，我让俊哥来产房看弟弟时带上一本绘本作为第一份见面礼。俊哥郑重其事地带着这本书来到弟弟的小床前，一本正经地给弟弟读起来。也真神奇，弟弟对哥哥的声音可喜欢了，听哥哥读书的15分钟里居然一点儿也不哭闹。从此以后，俊哥经常给俊弟读书、讲故事。俊弟有时候哭闹，只要一听到哥哥的声音就安静下来。俊弟现在读幼儿园，俊哥都是初中生了，小哥俩还经常一起看书，哥哥给弟弟讲，弟弟看不明白的地方问哥哥。身为母亲的我，看到这样的画面，觉得那是我最幸福的时刻！

第二句：同时带着俩宝读，世界真美妙。

对多娃家庭如何开展亲子阅读的第二种困惑是，家长觉得精力不够用，每天给小宝把屎把尿已然累得精疲力竭，哪还顾得上亲子阅读啊！我的建议是，阅读本身就是一种放松的方式，家长再累，每天抽出十分钟带孩子们进行亲子阅读，这总做得到吧？可别小瞧这十分钟，只要坚持做，一定有惊喜。

我常年到各地推广阅读，每次必提出"王莉亲子阅读十条建议"，其中第一条就是"每天坚持带孩子读书十分钟"。听到这，很多说没时间没精力读书的家长都不好意思再说忙或累了。多年后，一些家长告诉我，当年听了我的"十分钟"建议，坚持照做之后，现在发现十分钟太有益太强大了！不仅孩子爱上了阅读，自己也变成了一天不读书就难受的"读书人"。是的，我始终相信坚持的力量、积累的神奇。就像我自己，十多年每天坚持必写500字，一年下来就是18万多字，十年下来就是200万字。正是由于这点点滴滴、笔耕不辍的积累，我出版了多部家教书籍，发表了200多篇文章。亲爱的家长们，你还能说精力不够用吗？请你从日理万机中每天抽出十分钟进行亲子共读，总可以吧？只要你重视一件事，总还是有时间有精力去做的。

光有重视不够，你还得享受这件事。是的，你要把带两个孩子一起读书当成一天中最大的享受，当成一天中最重要、最必不可少的一件事来做。试想，夜幕降临，万籁俱寂，你和爱人带着两个孩子进入卧室，准备睡觉，不对，睡觉前还有件非常重要的事情没做，那就是亲子共读！你们四个人坐在大床上，一个大人搂着一个孩子，一起翻开一本书，郑重其事地读起来，哇，那一刻，世界真美妙！白天所有的辛劳抛之脑后，工作的所有烦恼统统靠边站，这一刻你们的世界只有孩子和书籍——这两件世界上最美好的事物你同时拥有着，不觉得幸福吗？

我就常常和先生一起带着俊哥俊弟读书，每天晚上这半小时是我和孩子们一天中最期待的时刻！所有的世俗烦恼靠边站，这一刻我们的世界只有孩子和书籍，只有朗读与倾听，只有享受与陶醉！我们读着，我们听着，我们欢笑，我们忧伤……最重要的是，我们在一起享受阅读这件世间最美妙的事！我们好幸福！

又有家长抛出问题了："真的有一本书不同年龄的大宝小宝都爱看吗？"当然有！何止一本！那些美妙绝伦的绘本，那些隽永流传的经典，岂是能让年龄所分割开的？无论男女老幼，都爱看那些书。不仅兄弟俩爱看，我们也爱看，姥姥也爱看！百看不厌。常常是俊哥拿起俊弟最近爱看的绘本，似曾相识："这本书我小时候看过啊！"然后就迫不及待温习起来。弟弟也急着要看，两人差点为一本老书而争抢起来。我不必理会，过了一会儿两人已经协商解决，一起趴在地上看得全情投入了……请你同时带着俩宝读书吧，世界真美妙！

第三句：爸妈一人带一个，读得好幸福。

对二孩家庭如何开展亲子阅读的第三种困惑是，大宝和小宝有年龄差，读的书毕竟不一样，小宝读的内容大宝不喜欢、不满足了，怎么办？如何才能兼顾呢？

是的，有的大宝比小宝大一两岁，有的大五六岁甚至更多，他们阅读的兴趣、范围、视野都不一样。能问出这个问题的家长，我觉得特别到位——他们没有因为小宝的到来而顾此失彼，他们依旧关注着大宝的阅读发展。真的非常好！我在多个场合强调过，不能因为小宝的到来就过早让大宝进入完全自主阅读阶段，而要坚持带大宝进行亲子阅读，只要他还愿意，一起读到18岁甚至更大都没问题，因为亲子共读不是"幼儿专利"。

我在推广阅读时经常和家长们说两句话，第一句是："一方面，不要把阅读当作认字的手段，不要把亲子共读变成识字课。"第二句就是："另一方面，亲子共读不因孩子的识字量增大而停止，只要你爱孩子，就可以带着孩子一直读下去。"亲子共读不因孩子的识字量增大、年龄增大及小宝的到来而停止，亲子共读关乎亲子关系，关乎亲子和谐共处，关乎爱。

认为"大宝长大了，都当哥哥/姐姐了，让大宝自己看书就行了，亲子共读没必要继续了"的家长就是陷入了"亲子共读是幼儿专利"的误区，觉得亲子共读是在孩子幼儿期才需要做的事情，孩子长大以后就没必要再亲子共读了。那么不妨请你读读《为爱朗读：爸爸与我3218天的读书约定》一书。书中的主人公爱丽丝·奥兹玛的爸爸坚持为孩子朗读长达3218天，一直到女儿离开家上大学，9年一天不落。而这个朗读计划是从爱丽丝·奥兹玛9岁正式开始的，就这样，从孩子9岁坚持到了18岁！多么美好的9年！这样的9年滋养了爱丽丝·奥兹玛，使她也爱上阅读，成了终身阅读者、终身学习者，而且成为一位优秀的儿童教育工作者，把阅读的爱与智慧更广泛地传播。

所以，就请爸爸妈妈各带一个孩子进行亲子共读吧，各自进入你们的阅读世界。不仅保证了家里添小宝后，亲子共读的正常进行，还让两个孩子都能够分享父母的爱与陪伴，都能够得到父母的阅读引领和指导，岂不是两全其美？我们家就是这样，常常是我带着小宝在卧室读书，我爱人带着大宝在书房读书，各得其乐。两个孩子都很满足，我们也很享受。

二孩家庭开展亲子阅读的方法还有很多，只要家长们足够重视阅读并真诚地享受阅读，那么，二孩家庭的亲子阅读之旅会越走越宽，越来越美！

学后测评

1. 思考题：大宝对小宝没有耐心怎么办？
2. 辨析并说明理由：大宝长大了，不需要家长陪伴阅读了。

第五节 启示5：走出教育常识的误区

朱力，襄阳市谷城阳光学校党支部书记、校长，湖北中语会会员，谷城名师。

前面我们一起学习了"别人家孩子"的成长故事，一定能从不同角度启发到您。这节课，我向各位推荐第二本书——《学力经济学》。看到这本书的名字，可能不少朋友会认为这是一本经济学的书，其实它是一本用经济学的思维研究学力的经典作品。

首先，请允许我引用两段文字开始我们今天的正式交流——

①大多数教育评论家、育儿专家的主张，都仅基于他们作为教育者的个人经验，并没有科学根据——《学力经济学·序言》

②不可思议的是，一旦提到与教育相关问题，就算是对教育一无所知的人也会提出自己的意见和看法——《学力经济学·看穿一切数字的统计学》

各位家长朋友，是不是有种一下子被触动的感觉？我们看很多关于家庭教育的书籍，有几本不是直接讲述自己怎么做的或者认为应该怎么做的？例如2岁的婴孩，往往会说"不"。这时候你是用"开始树规矩"来规范还是用"3岁之前让孩子体验到无限的爱来稳定归属感的建立"？似乎谁说的都有道理，但是谁也没告诉你这么说有没有科学依据？正如咱们引用的第2句所言，对于教育谁都可以说出一番道理来。当教育被广泛地谈论的时候，准确地说，谁都可以发表"正确"见解的时候，是教育的幸事还是悲哀？教育的专业行在哪里？

我阅读的时候，一下子就被触动了。所以，我认为很有必要向各位家长介绍这本书。

书的作者中室牧子所学专业是教育经济学，经济学是用客观的数据来说明事实。数据就是科学的最大保证，建立在数据基础上的教育才更有说服力。因此，这本书带给我的最大启迪就是研究教育必须有经济学的思维。

何为经济学思维？

我梳理了一下作者传递给我们的主要有两个观点：

一是用经济学思维研究教育，必须基于科学的实验、长期的追踪获取大量的数据，才能最终总结出教育的科学规律。例如，书中列举了美国哈佛大学教授弗莱尔为了倾注精力研究奖励和孩子的学习力之间的因果关系，在美国的芝加哥、达拉斯、休斯顿、纽约、华盛顿5个城市进行了实验，实验规模巨大，耗资9.4亿日元，有250多所学校36000名孩子参与。弗莱尔教授将自己的实验分为两类，一类是在纽约和芝加哥进行，根据考试结果来决定是否给予孩子奖励；另一类是在达拉斯、华盛顿和休斯顿进行，根据孩子认真读书、完成作业、保证学校出勤率等情况来给予奖励。前者称为"输出型"奖励，也可称为"结果性奖励"，即看到孩子的成绩之后才奖励；后者称为"输入型"奖励，也可称为"过程方法性奖励"，即在孩子的学习过程中，以促进孩子增强学习能力为目的的奖励。实验结果证明，"更好、更有效地提升学力的是对'输入'进行奖励"。因为，在各种各样的"输入"中，奖励孩子们认真读书是提升学力较显著的方法，而在"输出"方面得到奖励的孩子们，学力几乎没有任何提升。因此得出结论，当老师或者家长对孩子采取了"奖励"的手段后，却发现仍然没有提升孩子的学习力时，那一定是我们的"奖励导向"出了问题。再如，作为家长，如果把教育看成一项经济活动，那它就是对未来的一种"投资"。如果要为孩子的教育投入时间和金钱的话，相较于从小学开始，初中、高中、大学本科到研究生为止各个阶段的收益率差异，收益率最高的是哪个阶段呢？书中通过具有说服力的实验数据告诉人们，收益率最高的是进入小学之前的学前教育！这个主张源于芝加哥大学赫克曼教授的研究。赫克曼教授一直关注美国密歇根州的佩里幼儿园实施的一项实验，该实验从20世纪60年代开始持续至今。这个幼儿园是以收入水平较低的非裔美国人3~4岁的孩子为对象，为他们提供非常优质的学前教育，不仅对孩子，而且对其父母也进行积极培训。这项实验，"佩里幼儿园计划"具备从入园资格的孩子中随机挑选出58人为实验组，准予入园，与另外不幸没有入园的65个孩子为对照组进行比较实验。在孩子学前教育结束后，进行了长达40年的追踪教育，在孩子19岁、27岁、40岁的状态进行追踪调查。实验结果表明，实验组的孩子不仅在入学时有更高的IQ值，在之后的人生历程中也更容易获得高等学历、稳定的收入、安定的生活，出现反社会行为的概率也较低。

二是用经济学思维研究教育，必须科学地计算教育的"投入"与"产出"。低投入高产出的教育策略、教育政策才是上上策。如刚才提到的，"依照科学根据"在孩子学龄前投入的收益率最高，那么家长就要在孩子小时候抽出更多的时间、精力陪伴他/她，为孩子在幼儿阶段的教育加大投入。我们的政府在教育资金拨付和教育政策制定上也要加大对学龄前教育的关注和倾斜，如认知能力和非认知能力对学生终身发展的影响力问题，通过"佩里幼儿园计划"的研究得出结论，这项计划对3~8岁儿童的学力提升效果非常明显，而这种效果在8岁前后就会消失。非认知能力（自制力、毅力、勤奋、领导能力等）则可以持续培养并影响孩子终身。现在，国家提出的"双减"政策就是为了减去强化应试、机械刷题、超前超标培训等造成的不必要、不合理的过重学业负担，依照规律纠正当前学校、家长、社会过度重视认知能力培养的观念和行为，解放家长和学校的思想，引领社会导向更多地关注和重视孩子非认知能力的培养。还如小班化的投入与收益的问题，根据20世纪80年代美国科罗拉多大学的格拉斯教授和史密斯教授发表的研究成果显示，班级人数和学力呈负相关关系，尤其是一个班级人数控制在20人以下最为理想，而班级人数为20~40人对学力的影响就很小了，同时研究表明小班化对低龄儿童、贫困儿童效果更为突出。这个研究成果对我们如何制定小班化政策非常重要——只有按照规律，科学合理地制定政策，才能做到低投入高产出。

《学力经济学》一书更值得一读的原因是，它通过列举大量的具有说服力的教育实验，以科学的实验数据为依据，刷新了我们日常对于教育准则的认识，可以帮我们走出一些教育常识的误区，让我们在教育孩子的过程中少走弯路。所以，这里我把自己认真学习并梳理的主要思想和具体操作方法和各位家长分享。

1. 适当地用物质奖励来鼓励、诱导孩子学习

我们通常认为，用物质奖励来诱导孩子学习不可取。但是中室牧子用大量数据告诉我们，是可取的。具体而言，有以下三点需要注意：

（1）在孩子还小的时候，奖励给他们奖章这种能激发他们干劲和热情的小东西，而不是金钱，效果会更好。对初中生、高中生及以上的孩子来说，奖励金钱会比奖励奖章之类的东西更为有效。

（2）对"输入型"努力的奖励要比"输出型"结果的奖励效果更好。比如"考出好成绩就奖励你"和"认真读一本书就奖励你"相比，"认真读一本书就奖励你"就是对"输入"进行奖励，孩子们明确知道了应该做什么，即认真读一本书；"考出好成绩就奖励你"就是对"输出"奖励，孩子也能鼓起干劲，但却没有告诉他具体方法是什么，应该怎么做，未必能保证成绩有效提高，所以说，"认真读一本书就奖励你"更能提高孩子们的学习力。

（3）给孩子一些立马就能得到的奖励，比延时奖励的效果要好。比如说孩子"坚持学习一个小时的话，学习结束后奖励你零花钱"和"考试取得好成绩的话，过生日的时候奖励你零花钱"。这是完全不同的两种策略。一个是在不久的将来奖励"输入型"努力，一个是等过生日时再奖励"输出型"结果。前者收效更显著些。

2. 非认知能力的培养不容小觑

经济学领域的众多研究让我们认识到：非认知能力的培养对孩子的未来成长极为重要，而家长和老师最容易忽视这一点，因为它很难数值化。但是人的视野、胸怀、德行等，确实是让孩子成为最好的自己的重要保障。

非认知能力的培养渠道有社团活动、课外活动、集体生活等。培养方法有持续的关注和反复的训练，制订详细、周到的计划，并对其进度加以管控等。

很多朋友意识不到，即使成年后，非认知能力仍然有很多可提升的空间。我愿意和各位学员朋友一起，做一个不断让自己成长的人。

3. 看电视、玩游戏不一定会给孩子带来负面影响

这个观点一提出，相信很多朋友会极力反对。我们可能看过很多因此而导致的悲剧，内心感觉孩子看电视、玩游戏会耽误学习，殊不知，数据会告诉你——

每天看电视、玩游戏时间控制在一小时内，并不会给孩子带来负面影响。看合适的电视节目，玩一些专门设计的游戏还会对孩子提升学力水平、释放压力、培养创造力和忍耐力有帮助。完全禁止看电视、玩游戏，孩子的学习时间几乎不会增加。

4. 找合适的人部分取代父母的陪伴，效果几乎相等

现在很多家庭教育书籍都强调要陪伴孩子，但是很少去评估陪伴的效果如何，怎样陪伴才是正确的。当然，无法陪伴孩子的父母也会苦恼，因为实在没有时间。《学力经济学》针对这些问题，给出了自己的答案——

父母简单、轻松地参与督促孩子的学习一般没有效果；"在一旁陪伴孩子学习"或者"帮助孩子制定并严守学习时间"这种效果比较好；当父母确实无法抽出时间，如果能找到亲属或学校、托管班老师来"在一旁陪伴孩子学习"或者"帮助孩子制定并严守学习时间"的效果几乎是一样的。

当然，书中还有大量耳目一新的观点，例如夫妻在陪伴不同性别的子女时，应该如何分配等。这些好的观点，有待你去探索，我在此只做一个指路的人，告诉你：这本书值得阅读！

学后测评（无）

下 编

八大棘手问题的应对策略

> 无论谈多少教育大道理，家长们最头痛的还是所面临的具体问题。这些问题具体到了自己孩子身上，具体到了自己束手无策的地步，痛苦挥之不去。本编汇聚了教育孩子过程中常见的八个棘手问题，邀教育名家一一破解。

第三讲　棘手问题一：遭遇学困生

第一节　"生有可恋"方能"学有所成"

王莉，家庭教育指导师，中国教育报刊社特约评论员，著有《书香润童年》《陪伴的力量》《童年可以如此美好》。

我们都知道，不可能每一个孩子都学习特别好，也不可能一个孩子在学习的每一个阶段、每一个科目中都表现优秀。所以，遭遇学困生是诸多家长面对的现实问题。只是，当我们真正遭遇了学困生之后，很多家长迫切寻找的是"特效药"，殊不知，如果"本"无，"枝"何生？"枝"不生，又如何能"叶"茂？"本"是什么？当然是让孩子"生有可恋"！

所以，遭遇学困生，我们首先要做的是让孩子"生有可恋"，然后方能"学有所成"，生命是第一位的。

那么，如何让孩子"生有可恋"呢？

这个话题有点沉重，却不得不提。近年来，一场突如其来的新冠肺炎疫情改变了所有人的生活，近期学生因为上网课、复课不适应、大考考砸了等原因自杀的新闻又层出不穷。我们的孩子怎么了？明明处于人生最美好、最青春、最有希望的年华，为什么却常常觉得"生无可恋"呢？

那么，做父母的可以做些什么，让孩子慢慢觉得"生有可恋"，从而找回对人生的热情、兴趣，开始觉得生活有意思呢？

以下几点，是我们每个家长都应该重视的——

1. 尽量和孩子生活在一起

研究表明，长期和父母共同生活的孩子，其学业表现大概率优于留守儿童。生命化教育专家张文质老师说，你的孩子不和你在一起，就暴露在更多的危险之中。是的，父母一定要想方设法和孩子生活在一起，再苦再难也要竭尽全力把孩子带在身边，不要让孩子成为留守儿童；城市里的父母每天下班后要尽早回家，不要让孩子成为"城市留守儿童"。以实际行动告诉孩子："孩子，你对我很重要，你的到来是我们家庭最大的幸福；我很在乎你，我要和你在一起。"

之后，父母要把"生命教育"时时讲。生命第一，活着是一切的基础，不管为了什么都不值得去放弃生命；健康第一，安全第一，分数、成绩都排在这些后面。相信父母经常性地、发自内心地跟孩子传递这种理念，孩子就会逐渐生出敬畏生命的信念和爱惜生命的意识，就能够尊重生命的高贵、尊重自己的存在，更具有无论何种情况下都勇敢面对生活的勇气和热情。无论遇到何种挑战，家长都要坚定地站在孩子身后。

父母是孩子最坚强的后盾，当世界上所有的路都行不通的时候，孩子一定还有一条路——那就是回家的路。

2. 发现孩子的优势

一看到"发现孩子的优势"，很多父母的第一反应就是：我的孩子是学困生，太一般了，什么都不擅长，什么都不拔尖，哪有什么优势？那是你没有发现孩子，没有好好去了解自己的孩子。每一个人，每一个孩子，一定有他自己的优势。父母不要老拿自己家的孩子和别人家孩子做比较，重新去认识自己的孩子，真诚地去欣赏孩子，就一定能发现孩子的优点、长处。孩子热情开朗是优势，孩子内向安静也是优势；孩子乐于助人甚至爱管闲事是优势，孩子喜欢独处钻研也是优势；孩子喜欢跑跑跳跳是优势，孩子喜欢安静看书也是优势……一个孩子怎么可能什么优势都没有呢？不是孩子的问题，是父母不懂得欣赏，没有发现自己孩子优势的能力。

快快拾起这种能力，好好去发现去欣赏自己的孩子。当孩子知道自己在父母眼里是有优势的人时，孩子的心里就有了光，孩子对自己就有了自信——因为他得到了来自父母的认可，这是多么重要的一种认可。当孩子有了自信，他对人生就有信心，当他考试考砸或遇到其他挫折时就会觉得"生有可恋"，就不会轻易迈出轻生的错误步伐。当他在父母眼里是"有优势的孩子"，他的学习动力会大幅加强，学习信心也会大大提升，学习成绩就在不知不觉中逐步提高。

3. 引导孩子发现生活的美好

父母除了要发现孩子的优势，还要带着孩子发现生活的美好。要让孩子觉得不管学业多么繁重，生活还是有它美好的一面。

如何引领孩子发现生活的美好？从点点滴滴的小事做起！每天晚上带孩子散散步，运动一会儿，即便只是半小时甚至十分钟，这一小段时间里你可以和孩子聊聊今天学校里发生的好玩的事情，可以欣赏路边新开的一株玉兰花，可以观察小区角落里的那只小猫是不是又长大了，可以比赛跑步，可以一起踢球……让孩子从一天紧张的学习中解放出来，释放情绪，放松心情。家长坚持从小培养孩子从点滴小事发现生活的美好的习惯，慢慢就培养了孩子发现生活之美、热爱生活的能力。千万别小看这些小事，或许在孩子遇到大困难的时候，他心灵深处的力量源泉就来自这些小事。谁能说小区里一株盛放的玉兰花、一只努力长大的小猫哪天不会成为鼓励孩子战胜挫折的勇气呢？

4. 要真诚地倾听孩子

让孩子愿意和自己说话，是面对学困生的最大挑战之一。如何让孩子始终愿意向我们敞开心扉，愿意和我们说心里话呢？

做父母的不要唠叨，要做到真心地倾听孩子。当孩子和我们说一件事情时，父母不打扰不插话，让孩子把话说完；当孩子和我们说他对这件事情的感受时，父母不评判不介入，让孩子把这种感受清晰地说出来；说完之后，父母本着同理心，真诚地与孩子共情，与孩子交流我们的感受，然后与孩子一起面对问题，探讨解决之道。如果一开始就打断孩子说话，或对孩子的感受妄加评判，孩子很可能就将心门对家长关上，以后很难再打开了。父母再想孩子说心里话就很难了。

父母养成倾听孩子的习惯，孩子养成有事和父母谈心的习惯，一旦孩子遇到困难，就不会轻易想不开或走极端，至少会先和父母聊聊，这一聊，就聊出了一线生机，很多悲剧就避免了。

5. 多给孩子一点空间

觉得"生无可恋"的孩子往往觉得自己活得太压抑，个人时间被塞得满满的，个人空间被剥夺，没有机会喘息、透气，长期压抑就导致抑郁，就越发觉得生活没意思，父母不及时干预就容易酿成悲剧。父母要心疼孩子在这应试体制下的不容易，不要再变本加厉地给孩子施压、加压。课外补习班能少一点是一点，周末能让孩子放松一点是一点，一定给孩子留一点自由空间。他可以发呆、可以看闲书、可以跑跑跳跳玩一会儿，可以暂时从现实里抽离出来，给生命积蓄能量。可别小看这样的空间，或许孩子就是从这样的空间里得到了调整和放松，才避免了一些极端想法和行为。父母不要吝惜这样一点时间，不要斤斤计较于分分秒秒，不要心疼这段时间孩子没看书没刷题。

相信大多数父母都真诚地希望孩子健健康康，然后才谈分数的；也相信，通过我们的交流，大家会明白，只有让孩子"生有可恋"，学业有成才有其价值。

学后测评

1. 单选题：对父母来说孩子的什么是最重要的？（　　）

A. 好习惯　　B. 学业成绩　　C. 生命支点　　D. 同伴关系

2. 多选题：如何让孩子感受到他在你心中很重要？（　　）

A. 尽可能地多陪伴孩子

B. 用合宜的肢体动作和孩子接触

C. 给孩子买他想要的东西

D. 在孩子面前适时表达对他的感恩

3. 分析探究：有人说，"你的孩子不和你在一起，就暴露在更多的危险之中"。请你说说，可能有哪些危险？

4. 论述题：简述让孩子"生有可恋"的方法。

第二节　帮助学困生逆势而上

韦忠军，国家二级心理咨询师，博远心理联合创始人，广西未成年人心理健康中心讲师。

家有学困生是每个家长焦虑的根源，家有学优生，是家长的期待。然而，现实中有大量孩子的学习并没有达到家长的期待，他们被划进了学困生的行列。

今天我们就来分享"家长如何帮助学习成绩差的孩子逆势"。

学困生是指学习暂时落后的学生，在家庭里就是指学习成绩暂时不太好的孩子。在中小学阶段由于孩子学习成绩不理想而导致家庭矛盾的比比皆是，我们来看一个案例：

2019年7月24日上午10点左右，安徽蚌埠市一位母亲因为儿子成绩不理想，未能考入自己希望的好学校，她爬到楼顶寻短见。儿子跪在地上苦苦哀求，希望妈妈别跳楼，可这位母亲还是无动于衷。接到报警后，民警顶着烈日，苦苦规劝了一个小时，这位母亲才放弃了轻生的念头。

案例中母亲得知孩子的成绩不太理想，瞬间崩溃了。按理说，孩子平常成绩如何，具有较好自知力的人都能感受得到，也会预期得到考试的结果，不会出现崩溃的局面。

学习困难的孩子表现有三个方面：一是在行动上有抗拒，如迟到、旷课、注意力不集中、做事拖拉、不愿意大人过问自己的学习；二是在思想上有抗拒，如违规违纪、作业敷衍了事、人际关系出现问题，对家长、老师和同学的敌意；三是在心理上有抗拒，如对学习充满了厌恶，自卑不愿意面对，退学、休学等。这三个方面是由轻到重的一个过程。抛开智力因素之外，非智力因素导致的学业成绩不良，总结起来有以下几个方面：

1. 父母关系紧张，让孩子丧失良好的学习环境

很小的孩子最担心的事情莫过于自己去上学，回家之后爸爸或者妈妈找不到了。父母长年关系紧张或者疏离，让孩子没有安全感，每天都提心吊胆，有时还会演变成父母关系的紧张是因为自己而导致的，从而产生更多的内疚感。所以，父母既然在一起就尽量把家庭氛围营造得好一点、轻松一点、快乐一点。如果夫妻关系确实无法存续那就放手，并且和孩子说清楚父母的分手和孩子无关，这个伤害会比勉强在一起好一些。和父母关系过于焦虑导致孩子将过多精力耗费在了化解内心的冲突上，势必在学习上无法专心，学习成绩不好是显而易见的。比如孩子的心声："每次测验考试，一看到我就问：'考得怎么样啊？'他们根本不关心我这个人，只关心我的学习！"

2. 越俎代庖，让孩子丧失学习主体的资格感

因为父母对孩子的学习过于上心，过于焦虑和紧张，让孩子有学习不是为自己而是为父母的感觉，分不清学习的主体是谁，当然学习动力就会逐渐消失。比如，孩子迟到父母比孩子更着急，好像他自己即将要被老师骂一样。孩子没有完成作业，孩子做错题，父母比孩子还挫败。孩子考试成绩不好，父母比他还伤心，就像开篇案例中的妈妈一样；孩子成绩不如其他同学，父母比孩子还痛苦等。孩子的心声反映了父母对孩子的越俎代庖，"我觉得学习好像是爸爸妈妈的事，不是我的事，反正什么都由他们安排、决定，我只要做就好了"！

3. 过度牺牲，让孩子背负内疚感丧失学习动力

为了孩子的学习，父母主动承担了过多的责任，比如，有的父母会说："不用你干家务活，你只要把学习搞好就行。"孩子有一些需要通过努力学习才能达成的愿望，比如通过学习才能折出一个纸飞机，父母不加以方法上的指导，而是直接用钱帮他买了一架飞机玩具。只要孩子一有愿望，父母就用钱或者自己的力量去实现了，导致孩子学习没有动力了，在生活上也没有什么欲望了，因为学不学习都能得到，学习又不是一件很容易的事情，人就变得懒惰。比如，家庭条件比较好的父母，给孩子很多钱，满足孩子一切物质需求，让孩子丧失了学习的欲望。另外，父母为孩子的学习牺牲太多，让孩子不堪重负，背着沉重的枷锁学习。因为父母付出太多，看到孩子成绩仍然没有起色，于是心理开始失衡，导致不断地埋怨孩子。

4. 过度担心，让孩子失去学习的兴趣

因为在孩子的学习过程中，父母花太多的时间、太多的精力，特别是在孩子写作业时花太多的时间陪伴，如果孩子还是成绩不理想，父母就会很崩溃，于是情不自禁地指责孩子笨，指责孩子拖拉，导致父母越来越不耐烦，孩子就越来越不专心，亲子关系越来越差。我看到很多父母在潜意识里是不希望孩子好的，所以总是挑剔孩子，以为把孩子做得不够好的地方挑出来，孩子就能改正，然后做得更好，但结果往往适得其反。正如孩子的心声："我讨厌做功课，妈妈每天都坐旁边监督我，还总批评我，一会儿说我慢，一会儿说我不认真，烦死了！"

5. 干涉过多，让孩子丧失自己的人格边界

每个人都有自己的人格边界，就像人与人之间的距离一样，对于陌生人我们会站得比较远和他对话，对于熟悉的人我们可能会坐得比较近，对于亲密的人我们可能会想跑到他的怀里。心理学家阿德勒说过，人生的课题只有"交友课题、工作课题、爱的课题"，我们需要去分清楚这是谁的课题就好了。属于自己的部分我们就去做，不是我们自己的就不需要过分干涉。父母对孩子的学习干涉过多，导致孩子的自我边界破损不堪。就像一个破损的罐子没有办法装水一样，一个边界不完整的孩子，他是无法存得下知识和灵活运用知识的。

了解了导致孩子学习困难的家庭原因之后，父母如何帮助孩子迎难而上在困境中突围呢？

首先，从家庭的非智力因素方面进行改善。

创造良好的家庭氛围，改善夫妻关系，分清自己的边界，无条件接纳孩子的情绪，和孩子商量在学习上的规矩，制定一些限制孩子行为的措施。分清谁才是学习的主体，只有大人的情绪好了，孩子的情绪好了，孩子的学习能力才能正常发挥出来，大脑细胞才能活跃，才能记牢知识。

其次，先稳定情绪，再协商解决办法。

据媒体报道称，近日山东东营一位网友分享了一段妈妈辅导孩子写作业的视频。孩子的房间一片狼藉，书本、文具扔了一地，妈妈趴在床上崩溃大哭。一回头，儿子躺在房间门口的地上，也在委屈地抹眼泪，对于眼前的情景，孩子爸爸十分无奈。爸爸说，妈妈跟娃感情很好，但就是别提学习。这一场景在中国很多家庭中都是常见的，"不写作业母慈子孝，一写作业鸡飞狗跳"，孩子和爸妈的压力都很大，这个时候，我们都先要冷静下来，调整好自己的情绪，再协商解决的办法。

家长们可以通过"情绪ABC"理论调整自己的情绪，让自己情绪稳定地陪伴孩子写作业。"情绪ABC"理论认为导致某个结果（C）的发生不是由某个事件（A）引起的，而是由我们的信念（B）引起的，其中A指事件，B指信念，C指结果。

我们通常认为某个结果的产生是因为发生了某件事情，比如孩子写作业拖拉，父母很着急、很生气。这里的事件是"孩子写作业拖拉"，结果是父母很生气、很着急。其实，父母生气与着急并不是"孩子写作业拖拉"导致的，而是被父母的信念"孩子做事情必须要快，慢的话就会被别人赶上"一执念所激活的。

如何使用"情绪ABC"理论缓解我们的情绪呢？以"孩子写作业拖拉"为例来说明。

负面信念：孩子的情绪不重要，作业更重要，于是想方设法逼孩子写作业。

积极的信念：孩子有一个积极的情绪，会提高做作业的效率，于是关注孩子的情绪，引导孩子更好地完成作业。

负面信念：孩子必须听我的，不听我的就什么都做不好，于是感到愤怒并且训斥孩子。

积极的信念：孩子一定要有自己的想法，这非常重要，于是耐心地听，积极回应。

最后，根据孩子的特点，帮助孩子制定学习策略。

案例：

有一位家长说，孩子目前念一年级，上小学四个多月了，马上期末考试，这学期接近尾声了。我真的心累。好吃好喝伺候着，天天接送，放学回来一晚上都顾不上老二，全力帮她辅导，哪里薄弱，我们就加强哪里。我真的是尽力了，尽最大努力了。可现实是，会的题居然也都空着不做，课堂上的任务一般同学都能做完，而她经常一个字未动，口算100道题，第一次测试她做了49道，空了一半。昨天测试120道题，她做了13道。不是不会，是不做。我真的崩溃了，我也经常鼓励表扬她，我也承认孩子在家在我眼皮子底下确实努力，知识掌握得不错，但一到学校课堂上要么不做题，要么空一片，这是在坐着玩吗？这是什么心理疾病吗？有没有懂的？今天打了她一顿，我自己哭了一晚上。我不知道该怎么教育她了。

这个母亲违背了上面提到的所有原因，而且缺少策略。我们看到这个孩子只是一年级小学生，还处在幼小衔接的阶段，出现这种情况非常正常，母亲的这种反应就超出了该有的基线。

孩子小学时的学习动机以外部动机为主，比如孩子会对夸赞、表扬、父母或老师的奖励特别感兴趣。所以，父母在陪小学阶段的孩子写作业时，夸赞他表扬他就好了。当然夸孩子也是要讲方法的，不能虚浮地夸，要表扬具体的行为，表扬可控的能力，不能直接夸孩子聪明。比如，面对孩子的成绩不理想，很多父母会说："孩子很聪明，就是不知道怎么学，等他开窍了就好了。"这种说法只会导致孩子永远保留这个聪明的评价不被改变，于是养成了"不学就不会错，不学就继续聪明"的幻想。

有的父母说太难了，我的孩子写作业真是一踏糊涂，实在是找不到可以表扬的地方。我说，只要你情绪好了，你会看到一幅不一样的风景。比如，孩子写了一篇作文，毫无逻辑，错字连篇。但是你看到他认真写了，并且写的速度还可以，你就可以表扬他这次写作文比上次快了几分钟，而且用了几个非常生动的词，有几个字写得特别工整，这些只要你心情好，是可以找出来的，并且指出来给孩子看，以后孩子就会在这方面去努力。

小学生的学习特点是没有策略，缺少学习方法和毅力。这个方面就需要父母去帮忙，帮助孩子厘清他要完成的任务，训练孩子把每天的作业列成单子，先做中等难度的课程，再做难度大的，最后做容易的，符合孩子的期待。

案例中孩子就读小学一年级，还不能适应小学阶段的学习，由于母亲拿自己的孩子和别人家的孩子做比较，于是比较焦虑，不能静下心来帮助孩子。我们看到孩子做了49道题，还有一半没有做，我们可以肯定孩子，"你做了49道题，完成得很好啊，你是怎么用功才做完这49道题呢？孩子测试120道题，只做了13道题，这是我们大人看到就觉得没有信心的数量，母亲可以让她先做10道题，做完休息2分钟，再做10道题，如此反复，孩子就能完成了。当然时间会比较长一点，但是在孩子出现一些问题的时候，我们要找方法来激活他的动力，不能让他对学习感受到很大的压力，否则，读着读着孩子厌学了，甚至抑郁最后退学了。

对于初中以上的孩子，因为他们的学习动机已经转向了内部，对表面的奖励、赞扬已经不是太在意了，他们更在意的是"我是谁？""将来我做什么？"等比较长远的思考。父母可以带着他们"生活场景多转转，梦想使命早看看"。就是经常和孩子一起去车站、机场、医院、大学校园转一转，甚至可以让成绩暂时落后的孩子去体验打工生活，让他们看到各种各样的人情世故，过程中父母多听少说，让孩子自己去领悟。这样激活他们的学习动机，学习变好就水到渠成了。

最后，在面对学习任务时，父母要帮助孩子建立起平常的学习过程与学习成绩之间的联系。要想孩子取得好成绩，紧紧盯着成绩看是没有用的，要让孩子掌握提高成绩的方法，让孩子将学习过程与学习成绩建立联系，在过程中努力，掌握方法，结果才能取得好成绩。

学后测评

1. 简答题：导致孩子学习成绩不良的家庭非智力因素有哪几方面？

2. 简答题：简单描述什么是"情绪ABC"理论，举一个现实生活中的例子。

3. 论述题：如何激活小学生和中学生的学习动力？

第三节 "学困生"的突围路径

程伟华，二级心理咨询师、高级教师，中共佛山市委宣传部宣讲团讲师、佛山市妇联家庭教育授课导师。

前两节，王老师和魏老师分别从生命教育和家庭教育角度讲述了如何面对"学困生"问题，让我们从不同视角关注了"学困生"问题。这节课，我再为大家提供一个新的视角——科学视角。希望我的交流，能为您的孩子逆势而上提供帮助。让我们从了解学困生形成的原因开始吧。来看一个案例：

小明，一到三年级学习成绩都很好。升上小学四年级后，母亲因为要照顾刚出生的弟弟，忽略了对小明的监管，交给爸爸负责。爸爸非常严格，经常批评孩子这个做不好那个做不好。半学期后，小明变得上课不专心、不肯做作业，作业十分马虎，连考试也不愿参加，成绩一落千丈，老师多次教育但仍不见起色，慢慢地，小明变得不吭声，拒绝上学。

从这个案例中我们知道，小明原来并不存在学习困难问题，转变是在四年级之后。我们来看是什么原因导致了这一问题的出现？

（1）弟弟的出生，妈妈的爱和关注发生偏移，导致小明心理失衡。他认为妈妈只关心弟弟，不关心自己，试图通过对抗渴望引起父母的关注。

（2）父亲的严苛和批评，不能共情孩子的感受，没有满足孩子渴望关注的心理需求，导致逆反心理加剧。父亲时常批评小明这个做不好那个做不好，严重打击了孩子的自信心和自尊心，形成习得性无助。

（3）孩子在学业上处于逆境状态，父母没有很好地查找根源和找到应对方法，导致半学期以来，小明一直处在困境中，最终导致小明身陷"泥潭"而不能自拔。

接到这个个案的时候，小明已经拒绝上学三周。我先后接访了孩子五次，家庭访谈一次，孩子慢慢发生变化。我把我的一些做法向各位汇报一下，希望对您有所启发。

第一次孩子咨询，孩子被动来到工作室，有抗拒。所以我首先要做的是建立关系，把了解到的他的优势反馈给他，特别戳中他的是"当你成绩不断掉下去的时候，你特别渴望父母能理解，能给你支持，而不是一味地责骂和批评，你似乎感受不到父母对你的爱，你认为他们把爱都给了弟弟"。孩子听到这里，开始哗啦哗啦地流眼泪！那一刻我知道我戳中了孩子的心，他开始给我讲他的情况和想法，我不断共情他的感受，于是咨访的关系开始建立。第二次孩子咨询，我继续走进孩子的心理，共情他的感受，和孩子一起去探讨他现在遇到的困难和问题，特别回应他情感的需求，巩固咨访同盟。第三次做家庭访谈，根据前两次和孩子的对话，把原因向父母反馈，形成教育的联盟，要求家长改变原有的教养方式，并及时反馈。第四次孩子咨询，我尝试和孩子一起回顾一到三年级的历程，让曾经的优秀在脑海再现，重燃信心和希望，孩子开始问我接下来怎么办，我引导孩子去寻找资源，结合自身优势，孩子开始寻求改变。最后两次，主要跟进孩子改变过程中遇到的困难，进行信心的植入和方法的引导，同时跟进父母家庭教养的转变情况，孩子已经恢复学业。在最近的一次考试中，孩子成绩回到班上的中游。

从这个案例可以看出，一个学困生，如果不能深深地理解他成"困"的原因，就不能找到症结，做出及时的干预，那他可能永远成为"学困生"；如果找到方法，就能改变这些孩子成长的路径。

除此之处，"学困生"的成因还有哪些呢？

我们首先理解所谓"学困生"到底指的是什么？"学困生"其实就是学习困难的学生：学习没兴趣，基础比较差，在行为习惯和学习方法上有明显缺陷。这些学生往往缺乏学习兴趣，思考不积极，不愿或不善于开动脑筋，回避那些较难的习题，思维上有惰性；注意力不集中，自控力差，做事马虎，惯于机械记忆，不善语言思维和逻辑；等等。排除器质性的原因，从心因性和支持系统角度，"学困生"是怎样形成的呢？

1. 家庭教养不当导致

20多年的教育教学生涯，跟踪过那些所谓的"学困生"，我发现，90%以上的"学困生"都跟家庭教养存在很大的相关性，他们的父母大多是专制型或放任型父母。专制型父母自己就是规则的制定者，他们严格划定了规则的边界，并且制定了相应的惩罚措施，以避免孩子犯错和制造麻烦。这种教养模式下的孩子，他们的想法很少受到父母的关注，当他们遇到问题时，由于父母的"强势"，他们得不到有效的共情，甚至被批评指责，于是他们更多时候会选择武力或专制或对抗解决问题，上述案例就有这方面的原因。

放任型父母很少关心孩子这会儿在哪里，跟谁在一起；几乎不会或很少过问孩子学校的事情和学习，也很少了解孩子的需求。尽管这些父母并不是主观意愿上放任孩子，只是面临生活或工作方方面面的压力而无暇顾及孩子。这些孩子时常会感到失落，他们的行为容易出现问题。当他们的学习出现问题时，得不到父母有效的理解和支持；他们的学习过程缺乏父母的监督，当孩子没有形成良好的学习品质时，"学困"成为必定的结局。

2. 父母关系紧张或断裂导致

父母关系是孩子情绪情感的稳定性要素，当父母的关系紧张或断裂时，年幼的孩子会严重缺乏安全感，不能集中精神，容易导致后天学习力的失衡；学龄儿童会认为自己"不乖"或"不够好"，变得自卑和内向，容易产生攻击性行为，把父母的紧张关系内射到自己的人际关系中，无心读书；青春期的孩子会变得更加多愁善感，甚至用自己的"学困"或心理"病态"拯救父母关系。觉得父母都这样了，自己学成怎样都没有意义，容易产生消极情绪，甚至出现抑郁症状。当父母不能觉察这些情况时，孩子慢慢滑向"学困"的边缘，最终成为"学困生"。

3. 朋辈环境的影响

由于青少年学生的"三观"并未完全形成，具有不稳定性，容易受到朋辈的影响。一些青少年想摆脱家庭和父母，比较偏向到同伴中寻求归属和依托。若青少年与不良行为或"学困"朋友交往，久而久之，他们会被贴上"不良行为青少年"的标签。根据标签理论，这些标签会使青少年将自己归类于偏差行为团体的一员，并开始以偏差行为作为对惩罚的防卫、攻击和适应的手段；而外界会对出现偏差行为的青少年给予更严厉的否定和惩罚。如此恶性循环，青少年出现偏差行为越多就越严重。孩子一旦出现偏差行为，他的精力会倾向偏差行为而导致学习行为弱化，最终成为"学困生"。

4. 学生自身的习惯性和适应性原因

在低学段，由于学习的科目不多，难度不大，许多孩子即使没有良好的学习习惯和适应能力仍能应付，甚至绰绰有余。然而随着学段的升高，学科难度的增大，知识面不断扩充，学习更加系统深入，没有养成良好学习习惯的学生就变得无法应对。例如，不知道如何合理安排时间高效学习，不会整理笔记，学习偏于死记硬背，方法呆板，无从应对各个学科的学习，不能适应高强度的学习，从而导致"学困"的形成。

5. 学生的性格及兴趣爱好导致

有的学生因为性格内向，当出现学习问题时，不敢及时向老师或同学请教，导致积累的问题越来越多，最后"积疾难返"。有的学生当出现成绩下滑或低位徘徊时，学习自信心不足，出现自卑心理，不愿意融入同学或遭受同学冷落，丧失信心。有的学生由于各种原因，例如理科思维欠缺、学习方法不得当等，出现严重偏科现象，缺乏对偏科学科的兴趣爱好，投入不了学习的情感，抗拒学科或老师，导致学科困境的形成。

"学困生"的形成，往往不是单一原因造成，而是多方面综合因素造成的。分析的时候，不仅要看到"学困生"呈现出来的表象，更要洞察"学困生"形成背后的根源。接下来，我将和大家一起探讨更好的突围路径。

第一点：温暖托举，让突围有情感根基。

案例1：

小雨，初二女生，喜欢追男明星，各个学科都很弱。参加了许多课外补习班，但是效果不明显。父母经营自己的公司，爸爸少言，但很关心孩子；妈妈比较急躁焦虑，看到孩子有问题就会指责批评。来访前孩子已经无心上学读书，周末基本不写作业，周一又因为没有写作业不愿上学，基本上一周只上学3~4天。

小雨正处在青春期，喜欢追男星是正常现象；因为各个学科都很弱，参加的课外补习班都是大班授课，教学没有针对性，小雨基本属于陪读，所以没有效果，成绩不能提升；父母经营公司，比较忙碌，因此不能很好地监督孩子，基本属于放养型的教育模式。妈妈比较焦虑急躁，当孩子出现问题时，教育方式偏向消极，打击孩子的自尊心和自信心，孩子得不到有效的情绪情感支持，不能唤醒孩子的内在动力，出现对上学和做作业的阻抗，可以预期继续发展下去，如果不做干预，小雨会面临拒绝上学的情况。

接到这个个案后，截至目前，我给小雨做了6次辅导，两次家庭访谈。具体情况是这样的——

第一次家庭访谈：了解小雨的学习情况、生活状况、兴趣爱好、精神状况和人际关系等；了解父母家庭教养的模式，父母的关系，亲子关系；对小雨的情况进行基本预估，确定辅导目标。

第二次辅导小雨：建立关系，了解小雨的学习情况、生活状况、兴趣爱好、精神状况和人际关系等；了解对父母的看法，评估小雨改变的意愿。发现小雨有改变的愿望，但是没有方法，建立咨访关系后，做辅导约定，包括时间、地点、方式和有关要求等。

第三次辅导小雨：小雨迟到半小时，咨询师只是了解情况，没有责备批评，告诉她看见她进来了，真高兴！本次辅导一起为小雨做学习的SWOT分析。

第四次辅导小雨：失约，没有咨询。咨询师通过文字告诉她满怀期待等她到来，可是等了一小时不见她来，自己感到失落，把自己的心情披露给她，但是没有批评和责备。一天后小雨主动回复"不好意思"。本次咨询辅导主要是一起探索上周做的分析，研究方法策略。

第五次家庭访谈：得知前几次辅导都有妈妈提醒，不断催促的，经过沟通访谈达成共识，后面的辅导由小雨自己预约咨询师，父母不做安排和提醒，父母扮好自己的角色，减少或尽量不过度批评指责孩子，看到孩子的优点，并放大优点，达成同盟。

第六次辅导小雨：小雨迟到15分钟，上线后一直打呵欠，但是本次咨询辅导是小雨自己预约咨询师的，咨询过程中没有打开摄像头，可以感受到的是小雨刚起床，还没有吃早餐。咨询师没有批评指责，而是告诉她，看到她自己预约咨询，自己的事情自己处理，我感觉你在努力和不断成长，咨询如期结束没有延时。本次咨询辅导主要解答了小雨数学学习中的一些困难和问题。

本次咨询后的一天晚上22：50，小雨突然发来一个数学问题，请教咨询师解答，咨询师马上解答并回复，并告诉她，她的主动让他感到很开心和欣慰，也看到她的努力和付出，告诉她他一直在陪着她努力，加油！同时也把这个信息悄悄地转告了她的父母，希望能正向强化。

第七次辅导小雨：小雨提前预约咨询师，迟到5分钟，咨询师没有批评指责。小雨依然没有打开摄像头，小雨谈及了班上的同学和自己喜欢的明星，咨询师借此机会，探讨了她喜欢的明星身上的优秀特质，形成镜照，可以感觉到本次辅导小雨心情和状态不错。

这次辅导后的星期三，妈妈发来短信说，孩子放学不见了，后来找了很久，原来自己到图书馆看书了，没有告诉父母，担心死了！咨询师说"孩子开始发力了，好好肯定表扬"。

第八次咨询辅导小雨：小雨预约的咨询是上午10：45，咨询师当天8：40提醒，小雨9：05回复"收到"。当天咨询小雨提前5分钟进入会议室，主动提出当天解答的问题，并且问咨询师："你寒假还帮我辅导吗？"我说："你有什么想法？"小雨说："我想如果你继续帮我辅导，那我想我们先梳理下期末考试的内容，寒假你帮我梳理本学期学过的内容。"我说："好！按你的安排执行！"

这一次辅导我们非常高效，小雨状态非常好，我建议小雨打开摄像头,小雨全程打开,并且很投入。咨询辅导结束,我把我的发现和感受如实反馈给她,小雨回复一个笑脸和"谢谢老师!"。

这个个案咨询辅导过程中,我没有像小雨的父母一样,总是批评指责,而是看到小雨的付出,不断肯定和强化她的正向感受,努力寻找她的优势和转化她的资源,逐渐把学习和成长的责任交还给她,让她感受成效。咨询辅导过程中我不断把自己的真实感受告诉她,并告诉她我会一直陪伴和支持她,正是这种温暖的托举,慢慢消融了孩子内心的阻抗,让孩子觉得被包容和接纳,把"要我学"变成"我要学",实现成功突围。

第二点:建立家庭同盟,提供突围的肥沃土壤。

案例2:

小丁,七年级男生,学习上出现非常严重的强迫症状。看到他的作业和试卷上,基本都是写一个字要反复涂写几笔。因此一份作业下来,除了书写不堪入目,还很费时间,严重影响学习。根据父母的反馈,孩子没有其他的强迫症状,而且孩子小学三年级之前,并没有这种情况;四年级之后慢慢出现并且越来越严重。

这个个案是一对焦虑的父母带着孩子来到我工作室。第一次咨询是先进行了父母的访谈,了解情况后,再给孩子咨询了15分钟才结束。然后和父母商定,孩子每两周一次咨询,父母每周一次咨询。刚开始父母不解,直至第二次父母访谈,解释原因后,父母才醒悟。连续两个月的辅导后,这个孩子的书写强迫症已经不再那么严重,父母才放下心来。

案例中,父母是专制型父母,凡事要求很高。小学阶段,父母每天轮流坐在孩子身边,"陪着"孩子做作业;一到三年级,当看到孩子书写不好时,父母就会用橡皮擦掉,让孩子重新写,如此反复,孩子养成了书写"强迫"的习惯。到了高年级,总认为字写得不好,需要擦掉或补笔。然而小丁绝不是一个强迫症孩子,他的强迫是被"训练"出来的,根源在于严苛的父母,因此,这个个案的工作开展首先是从父母开始,然后才是小丁。

人们常说"一个有问题的学生必定有一个有问题的家庭",当孩子的症状根源在家庭时,我们的咨询目标就要改变。当孩子出现问题时,父母大多会认为是孩子的问题,自己没有问题,并把他们的焦虑紧张投射给咨询师,如果咨询师盲目地接受投射,孩子就更加痛苦,更加难处理。

当我们发现孩子的问题在家庭时,我们首先进行父母访谈,访谈的内容包括父母的教养观念、原生家庭情况、父母对孩子目前状况的想法、父母的期待,等等。其次,要教导父母正确的家庭教养方法,树立正确的教养观念,建立积极的态度。再次,咨询师要定期跟进父母的情况,了解父母的配合程度,确保联盟的效度。最后,咨询师要涵容父母的情绪,疏导父母的不良情绪。稳定父母的状态后,再做好孩子的辅导工作。只有建立良好的家庭治疗同盟,才能为孩子的辅导提供肥沃的"土壤",辅导的成效和目标才更容易实现。

第三点:激活心动力,这是突围的关键。

"学困生"形成的原因多种多样,一旦形成,通常因为学习遇到困难阻力,想学好但是又没有方法;缺乏学习的激情和动力,没有足够的支持,因此很容易陷入直接"躺平"的状态。要恢复"学困生"的学习状态,必须激活心动力。那么怎样才能激活孩子的心动力呢?

(1)对学习进行全面分析。让"学困生"看到自己的能力、优势、特长是什么,引导看见现在拥有的资源优势和支持性系统,重燃星星之火;分析自己当下存在的问题是什么,有哪些不足或薄弱的地方,目前面临的困境、威胁或挑战是什么等。

（2）分析学习产生阻抗的原因，包括自己个人的、家庭的、外部环境的等。

（3）咨询师进行共情式理解"学困生"遇到困难的感受和情绪情感反应，试图理解并进入他们的内心世界，引发共鸣，建立同盟。

（4）构筑愿景，制订可行、科学、合理的计划。通过"小步子"原则，逐个实现，在此过程中及时肯定每个付出和反馈每个成效，强化正向感受，形成"脱困"的惯常行为。

第四点：学法指引，这是照亮突围的明灯。

"冰冻三尺，非一日之寒"，每一个"学困生"的形成都有一部"学困生"的血泪史。当他们求助的时候，作为指导师，我们要建立很好的辅导同盟，让他们不退缩，有勇气面对，并有克服困境的决心，很重要的因素是让他们看到希望，能照亮前行的方向，那就是我们给他们具体而操作性强的方法指导，在这里与大家分享我常用的方法。

（1）根基筑牢法。对于学科根基很弱的孩子，如每次考试拿不到总分的60%，我会建议这些学生的父母去找一对一的补习老师或者让学生自己认真看教材；然后做教材里最基础的练习，不做任何难题，不懂就问老师、同学，直至会做弄懂。这样建议是因为每次考试，老师出试卷易中难的比例大约是6∶3∶1，容易的和基础的题目占了六成，所以当"学困生"能拿下六成，信心和希望就来了，而且这个操作他们最容易做到！

（2）知识点整理法。对于"学困生"，一下子要看要记很多内容非常困难，我会让他们边看书，边用笔记本记录书本章节标注黑体（一般教材都有）或重要的概念、公式、定理，把书本读薄。当孩子整理出来的时候，他对书本的内容就有大致的了解，把看转化为行动，"所见即所得"，印象更加深刻。对于老师课堂讲到的重点提醒，我会教导他们用自己精简的语言总结写下解题的每个步骤，形成方法，实现从行动到经验的总结，升华感受。

（3）模仿法。要"学困生"写一篇很好的作文很困难，让他们学读一些常见的写作范文（通常考试的作文题材会相对稳定），然后梳理出文章结构和好的句子，在考试写作的时候，进行范文模仿，从模仿到生成认知，从认知生成情感体验。

（4）重点攻关法。对于每一门学科的考试，必定都有重点和必考的考点，让学生考前去了解，然后重点攻关。通过问老师和同学，彻底弄懂弄透，并变换着多做几个同类的练习，那在考试的时候必定押中类型，对于提升他们的成绩，提高自信心有很重要的意义。

（5）错题提升法。在考前一个月，指导学生收集历次考试的试卷，整理出基础题目，再次重温还不会做的错题，强化训练，既起到复习的作用，又能快速提升分数。

"世上无难事，只怕有心人"，"险阻无畏，方法总比困难多"，只要我们坚定信心，为"学困生"及其所在的系统提供适切的指导，就一定能帮助他们在困境中成功突围。

学后测评

1. 多选题：根据下列素材，造成小A成为"学困生"的主要因素包括（　　　）。

小A自小父母离异，法院判决小A由妈妈抚养，妈妈因为工作和情感的原因，对小A疏于管教，导致小A无心向学，成绩极差。

A. 家庭教养　　　B. 父母原因　　　C. 朋辈环境

D. 自身性格　　　E. 学习兴趣

2. 多选题：小陈是一名初中学困生，父母关系、家庭环境和支持系统良好，但是小陈理科非常弱，偏科情况严重，如果你是一名指导师，小陈主动向你求助，以下选项你会选择的是（　　　　）。

A. 了解理科偏科的原因

B. 了解小陈的家庭情况

C. 帮助小陈做学科的SWOT分析

D. 共同制订纠正偏科的计划和策略

E. 帮助小陈建立良好的朋辈关系

备注：SWOT分析是指分析优势、劣势、资源和机会、挑战和威胁。

3. 多选题：小明现在读五年级，语文和数学都很好，但是英语很差，常常考试只考50分左右，如果你是一名指导师，你打算如何提供帮助？（　　　）

A. 帮助小明补习英语

B. 查阅方法指导小明如何记忆单词

C. 与小明一起探索提升英语成绩的可支持性要素

D. 为小明提供提升英语成绩的方法

E. 鼓励小明多问老师，多背诵课文

4. 论述题：请谈谈你接访"学困生"的工作方法或策略。

5. 分析探究：一名"学困生"跟你说："我不想再读书了，学习太难了，我听不懂！"从共情感受的角度，你如何回应？

6. 分析探究：一名"学困生"的数学成绩很差，每次考试只考十多分，如果你是一名指导师，如何用"学法指引是照亮突围的明灯"中的一种方法指引他突围？话术如何？

第四讲　棘手问题2：情绪失控

第一节　让孩子学会正确表达自己的情绪

韦忠军，国家二级心理咨询师，博远心理联合创始人，广西未成年人心理健康中心讲师。

先请各位看一个案例：

男生，高一。有一次，因为和同宿舍的同学掐架而被老师请到办公室谈心，当老师指出了他在人际交往中的一些问题之后，突然这个孩子就蹲到地上猛扇自己耳光。老师被孩子的行为惊吓到了，马上让父母带孩子做心理咨询。经过了解之后得知，孩子从小就没有机会表达自己的情绪。在小学时被同学欺负，父亲也不加了解就斥责他，只要他做一些在爸爸看来不对行为的时候，爸爸都会用巴掌扇他耳光。当老师指正他的行为时，他会自动地充当起爸爸来狂扇自己耳光。

由这个案例我们看到，让孩子了解什么是情绪，如何表达情绪太重要了。

那什么是情绪呢？情绪是每个人都会有的一种感觉，是人类存在的一个基本属性，是人类与生俱来的内在能量，情绪的存在证明我们还活着。在迪士尼的著名动画片《头脑特工队》里，主角莱利是一个可爱的小女孩，她从出生时起，四个小伙伴"乐乐、厌厌、怕怕、怒怒"就在她的脑子里陪伴着她，在头脑总部的控制下一起协调着莱利的悲欢喜乐，伴其成长。在这里我们看到了人最基本的五种情绪——快乐、厌恶、害怕、愤怒、忧虑。

情绪有好坏吗？情绪没有对错和好坏。我们好像对情绪有一种天然的敌意，特别是愤怒啊，悲伤啊，恐惧啊，当这些情绪出现在我们身上或者孩子、配偶身上时，就本能地想排斥和压制它们，不愿意接受我们自己或者最亲近的人有这些情绪。比如，最常见的就是孩子愤怒时想压制孩子，想控制住孩子的愤怒，"你有什么好生气啊，你还有脸生气了，你凭什么生气啊？妈妈这么辛苦都是为了你"。但是，愤怒并不都是错，愤怒会给人以反抗的勇气。殊不知，孩子的愤怒就是在反抗你，是他对自己的保护，他能维护个人的边界不被他人侵犯，更能威慑想继续欺负自己的人"不要轻举妄动"，这是愤怒的一个现实意义。试想，假如一个同事总是欺负你，而你没有表现出一点愤怒，他是不是会得寸进尺呢？所以说，愤怒是对自己的一种保护。

从另一个角度来看，愤怒是攻击性的一个体现。而攻击性是人内在的一种能量，是和生命力紧紧相连的。一个人没有攻击性，那他就没有生命力，所以说无论是正面情绪还是负面情绪，本质上都是一个人生命力的体现。如果说一个人没有情绪，那他几乎和别人无法进行有意义的交流。我们跟一个人说了半天的话，结果他没有任何表情，我们也不愿意和他交往，他一定是一个无趣的人，不是一个有血有肉的人。所以说，情绪没有那么可怕，情绪也没有好坏之分，它就是我们生命的一部分。

情绪是流动的，是可以被改变的。有个妈妈说——

哎呀，我为了缓和气氛，已经一个星期都没跟儿子发火了呢！其实每次看见他在沙发上玩手机的那副颓废的样子，我就气不打一处来，强忍着不说。可是他一点都不领情，我只要问一句话，他就把我怼回来了，哎呦，一句话能把我噎死。

是的，我们是什么都没说，但是我们心里对孩子是有怒气的，也就是说，你心里是气不打一处来的。虽然你嘴上什么都没有说，但是孩子是可以感知到的，情绪是流动的，它就像空气一样，或许看不见，但对方是可以感受到的，特别是亲近的孩子、夫妻之间，都可以敏锐地感知到对方的情绪。你越是压抑在心里，情绪越会往外冒，你即使不用语言表示出来，它也是可以被感知的。

情绪是暂时的，它不会持续很长时间，没有人会长期处于一种情绪状态，它是会过去的。无论是愤怒、快乐和悲伤都会过去，恰恰是我们憋着不释放，不允许悲伤、不允许愤怒，这样才会让情绪一直停留在心里。情绪长期积压在心里，会转变成一种攻击自身的力量。比如说最亲近的人去世了，我们总爱去劝说，"别哭了，你看你哭了会伤身体"，其实不哭才会伤身体。他哭出来的时候，他的悲伤就会释放出来，就不会再压在心里了，所以说他哭出来这个悲伤就流走了。如果孩子有了很强烈的情绪，比如悲伤、愤怒，我们就要允许孩子充分地表达，等情绪平缓下来，我们再和孩子讨论发生了什么事让他有如此强烈的情绪。

情绪的存在是不以人的意志为转移的，不管你想要还是不想要，它在该来的时候就会来，只要我们有了情绪，它就会以以下三种方式表现出来：

第一种情绪表达方式叫躯体化。就是情绪以躯体症状，即生病的方式表达出来。如果情绪没有释放出来，由于各种各样的原因情绪就会积压在心里，积累太多情绪，它总会在某些时刻爆发出来，情绪会攻击人的身体，最后以身体的症状表现出来。以身体的疼痛或者疾病来表现，这是表达情绪最糟糕的一种方式。

美国最负盛名的心理治疗专家路易丝·海专门研究人的心理问题和身体疾病之间的关系。她在《心理的伤，身体知道》一书里指出，"身体从未说谎，不被觉察的情绪都会以疾病的方式宣示自己的存在"。我们来举个例子——

月月，小学生。小女孩家里条件特别好，是妈妈精明强干，很强势，计划从小就把她培养成一个有气质的女孩。她为月月买了钢琴，想让她从小学钢琴，每个周末都会带着她去老师家学钢琴。可是月月并不喜欢，她觉得很枯燥，一点乐趣都没有，每周练琴对她来说就是一种折磨，但她又不敢违抗妈妈的要求。坚持学了一段时间以后，她越来越不愿意去。她跟妈妈说过不想练琴了，但总是被妈妈的很多道理所淹没，还多次被妈妈狠狠地教育一顿。她天天脑子里想着不想练琴这件事儿，却又不敢说，结果导致每次去老师家练琴的头一天晚上她的扁桃体就开始发炎，而且发炎相当厉害，很多时候甚至到了发烧的程度。这种情况发生几次之后，妈妈觉得很奇怪，就带她去看医生，但检查结果是没发现器质性病变，查不出是什么原因，于是继续要求她去练琴。这样孩子断断续续地学了三年琴，基本上每次去老师家之前扁桃体都会肿大，严重的时候还会化脓。最后，妈妈看她的身体实在吃不消就说算了，干脆不学琴了，结果月月不学琴之后扁桃体再也没有发过炎。

其实月月的扁桃体发炎就是一种典型的情绪躯体化表现。她不想学琴可是又无法反抗妈妈，心里的愤怒无法向外释放，转而攻向了自己的身体。

孩子在婴幼儿时期或者小学阶段无论是身体还是整个人的能量都是比较弱的，所以他不敢表达自己的愤怒、委屈和恐惧。再加上强势父母，比如孩子哭的时候大人说"不许哭"；如果弟弟总是欺负姐姐，父母就会跟姐姐说"你不许打弟弟，不许生你弟弟的气，弟弟是你的亲人，他还小，你得让着她""你更不能恨弟弟，姐姐恨弟弟是错误的，恨别人是不好的"。可是姐姐的委屈、恨和愤怒却无法释怀。不是父母说不让恨，不许生气，这些情绪、这些感受就会消失的，这些情绪会去哪呢？它们就会停留在孩子的心里，孩子的身体里。长期而严重的压抑，得不到理解和满足，躯体就会将这种糟糕的感受积攒起来，最终以疾病的形式显现出来，所以我们说躯体化的情绪表达方式是最糟糕的，就是让身体去承担无法承受的情绪的痛苦。

路易丝·海在他的身心疾病对应表中指出了106种身体疾病和症状与心理的关系。比如癌症，就是长久忍受内心深处的忧伤与愤怒的侵蚀所造成的。心脏病就是严重的情绪问题，是长期被排斥、紧张和压力导致的。当孩子出现一些医院都查不出来的疾病时，为人父母者要想到这可能是心理因素导致的，要及时带孩子去医院心理科咨询。或许就是出现了躯体化的情绪表达方式，而这是最糟糕的一种情绪表达方式。

第二种情绪的表达方式是行为表达。比如，当我们看到孩子走路带风，还蹦蹦跳跳的，有时嘴里还哼着歌，我们就感觉到孩子是快乐的；有的时候孩子听到你的唠叨说教会摔门而去，有的孩子放学一进家门就会躲进自己的房间反锁起来，这些行为就是孩子愤怒的表达；还有的孩子逃学、厌学等，背后一定也是有情绪的，这种情绪很可能是对老师的反感，对考试的惧怕。

这就是孩子用行为来表达自己的情绪，孩子的这种表达情绪的方式大多数是跟父母习得的。比如，有的父母在生气和愤怒时就会大吼孩子，甚至打骂孩子，这就是父母用行为来表达自己的情绪。孩子被打被骂之后，他的愤怒是被压抑着的，当他遇到比自己弱小的人时，他就会用同样的方式去对待别人，这样它的攻击性就释放到外面了。虽然通过打骂行为把自己的情绪释放到了外面，对自己的躯体倒是没什么危害了，但却是不适应社会的行为，孩子这样的攻击性会导致他的社会关系遭受破坏，造成社会适应不良，最后自食恶果。

还有的人会以一种逃避的方式来处理自己的情绪。比如说当一个孩子面对老师和同学的羞辱时，面对家长他觉得内疚时，他就把自己关起来不去上学，在家躺平，沉迷于游戏之中。孩子沉迷在游戏里不去上学，就是不去面对自己难过的情绪，因为他心里是很难过的，功课不好或者在学校受到了欺负，这种难过的情绪孩子无法承受，那他就不去面对那个环境了。但是这些情绪在脑海里总是挥之不去，他只能通过打游戏来排解这些情绪。就像大人在工作中遇到困难、遇到麻烦时去找朋友喝酒、唱歌、倾诉一样。孩子打游戏也一样，都是用一种行为来表达自己的情绪，这种方式会把情绪释放出来，不将情绪压抑在身体里，是一种比躯体化表达情绪好一些的方式。但是这些方式也会破坏关系，比如说和别人打架、发生冲突，不去上学了、不去工作了，这种方式就会给我们的现实生活造成比较严重的影响。

第三种情绪的表达方式是语言表达。当你有情绪时你会说出来，比如你对孩子很愤怒的时候，你既不会憋着也不会摔摔打打，而是告诉他，"你今天的这种行为让我非常生气"！你用语言表述出来你为什么会生气，这是最高级别的表达形式。当你经常和孩子这么表达时，孩子在有情绪的时候也学会用语言表达出来。

用温和清晰的语言来表达自己的情绪情感状态是最理想的情绪表达方式。比如说孩子在两三岁，还不能好好说话的时候，他们的需要得不到满足就会大哭大闹，上蹿下跳，顿足跺脚；去超市什么零食都想要，什么玩具都想买，孩子的这些表现有时会让大人崩溃。于是大人就会大声地训斥孩子，让孩子好好说话不许闹脾气。孩子有可能就把这个情绪压在心里了，给情绪躯体化埋下种子。当我们大声地训斥孩子的时候，他还有一种可能的表达方式是他摔得更厉害，甚至自己躺在地上打滚。这就是他在用行为表达自己的情绪。我们可以换一种更高级的表达方式，比如跟孩子平心静气地说，"宝贝儿，你是不是生气啦？你是不是因为妈妈今天没有带你出去玩儿，你心里不高兴你很生气很愤怒啊？"这样做的话，孩子无法表达的情绪就被妈妈帮着表达出来了，他心里会想"是的，我就是想出去玩嘛，你说好的要带我出去玩，你不带我出去玩，我就是生气了啊"。这样，孩子在以后遇到不开心的事情，比方说自己的需求没有得到满足时，他就不会憋着，也不会做出过激行为表达自己的情绪，而是学着用语言表达出来，妈妈我很生气，我特别想出去玩，你今天不带我出去玩，我心里是不高兴的，我很生你的气。

以上讨论了三种表达情绪的方式——情绪躯体化、情绪行动化、情绪语言化。最高级的情绪表达方式是情绪语言化，父母平心静气地引导孩子用语言描述出自己的情绪状态就是在和孩子产生对话，直接谈论情绪。这就是我们常说的接纳情绪、走进情绪，而不是恐惧情绪，这是最理想的表达方式。

情绪表达方式是从小养成的，是在和父母的互动中养成的。父母使用什么样的情绪表达方式，孩子就会潜移默化地用你的方式来表现他自己的情绪。我们希望孩子用躯体化的形式来表现自己的情绪，还是用行动来表达自己的情绪，抑或用语言来表达自己的情绪，这真正取决于父母表达情绪的方式。如果错过了从小培养孩子的情绪表达方式，那很不幸你家的孩子出现了情绪障碍，你还可以从现在开始进行一些弥补。

父母如何舒缓自己的负面情绪呢？

第一，要认知到情绪控制力是人健康成长和走向成熟的重要标志，区分清楚孩子的情绪是属于他自己，用情绪来控制别人是婴儿化的表现，如果我们用和孩子一样的情绪来回应他，那我们就和他一样了。

第二，寻找可能的情绪发泄途径，如果自己很伤心很难过，就听几首节奏比较缓慢、低沉的乐曲，让音乐来平复自己的情绪，慢慢再听一些舒缓平静的乐曲，最后听一些比较欢快的乐曲。

第三，可以把情绪的状态写在纸上，或者到自媒体平台上写匿名文章，把自己的情绪描述出来。

第四，多结交朋友，参加户外运动，把精力从孩子身上适当移开。

第五，可以找靠谱的心理咨询师给自己做咨询，疏导自己的情绪。

自己的情绪得到合理的控制，孩子也就能逐渐学会正确面对自己的情绪。

在和孩子相处的过程中，总会有那么一些时刻让我们情绪崩溃。父母的稳定就是对孩子最好的支持，这是需要父母终身学习的。情绪控制力是人健康成长和走向成熟的重要标志，父母控制好自己的情绪，才能让孩子学会处理自己的情绪。

学后测评

1. 简答题：你家孩子的情绪问题是什么？
2. 简答题：你常见的情绪词汇有哪些？
3. 简答题：情绪的表达方式有哪几种？
4. 判断题：负面情绪是不好的，这种说法对吗？为什么？

第二节　以情绪解码帮助孩子控制不良情绪

陈蕾馨，浙江师范大学应用心理硕士研究生导师，浙江省心理健康教育教师上岗A证。

相信不少学员看过获得奥斯卡金像奖的动画片《头脑特工队》。在电影中我们可以了解到每个人身体里都有五个情绪小人，他们分别是：乐乐、厌厌、怕怕、忧忧和怒怒，他们无时无刻不在影响着我们的生活。今天，我们就一起来了解情绪，探索情绪密码，帮助我们和我们的孩子成为情绪的主人。

如果你是青春期孩子的家长，你会发现，青春期的孩子，可能上一秒还各种浮夸无下限，下一秒就45°忧伤望天；可能上一秒还和你滔滔不绝各种吐槽，下一秒就啪的一声关门不见；和孩子一言不合就翻脸，甚至会控制不住情绪，大吵一架，两败俱伤。你会发现像小时候一样和孩子讲道理、提意见已经不管用了，以前管用的老方法此时统统失效了。作为父母，你是否有了前所未有的恐慌和焦虑？

现在我和大家分享两个真实的案例：

案例1：

主诉人：小林妈妈，45岁，国家公务员

我的孩子今年初三，马上面临中考。今天我和孩子爸爸来到这里，真的可以说是已经走投无路了。至今我们都无法理解，原来如此优秀的孩子，现在为何如此讨厌学校，甚至讨厌到谈及和学校学习有关的任何事情，都会激起他强烈反应的地步。我无法忘记那一天，去年的国庆假期，我们发现一向乖巧听话的小林，突然把自己紧锁在房间里，任凭我们怎么敲门，怎么劝说都无济于事。最后，只能请开锁师傅强行打开房门。打开门之后，我们都傻眼了，只见小林沉默地躺在床上，一言不发，手腕处有一道道划痕，还在渗血。那一刻，我们终于意识到问题的严重性，带孩子去医院就诊，医生给出的结论是——情绪障碍。

我们想不明白为什么曾经的学霸孩子，突然闭门不出？为什么过去开朗阳光的孩子，如今选择自我伤害？为什么学习一向自律的他，现在听到"作业"两个字就浑身哆嗦？

案例2：

主诉人：小毛爸爸，40岁，全科医生

孩子今年初一，上学才两个月，就几次接到了学校老师和其他家长的投诉电话，被告知小毛在学校经常欺负其他同学，甚至因为打架导致同学受伤。每次，我都教育小毛，动手打人是不对的。教育之后，小毛也意识到了自己的错误，但是一到他被激怒的时候，总是无法控制自己的情绪，和别人发生肢体上的冲突。所以，导致孩子打人事件屡屡发生，每次教育收效甚微，我很苦恼，甚至害怕老师来电话……

各位从以上两个案例可以发现，孩子无法控制自己情绪的时候，他们会选择一些发泄情绪的途径，尽管这途径是那么消极。小林是典型的向内发泄——自责、内疚、自虐等，经常表现为抑郁情绪的产生；而小毛则是典型的向外发泄——攻击他人、伤害他人，经常发展成校园欺凌事件。那么，作为家长的我们，该如何帮助孩子，解开情绪密码，控制好各种情绪呢？

情绪来的时候，可以说是排山倒海，大家都知道"冲冠一怒为红颜"的典故。那么，情绪是如何产生的呢？其实，关于情绪的研究或关于情绪形成学说有很多，我最喜欢的还是美国心理学家埃利斯提出的"情绪

ABC"理论。埃利斯用非常简单的公式来告诉我们情绪是怎么产生的（见图1）。他用A来代表已经发生的事情，用B来代表对这件事情的看法，用C来代表因此产生的情绪和行为。研究发现，我们的情绪和行为（C）并不是发生的事件（A）引发的，而是因为我们对事件的看法（B）引起的。埃利斯认为：正是由于人们常有一些不合理的信念才导致情绪困扰。久而久之，这些不合理的信念存在还会引起情绪障碍。他的"情绪ABC"理论让我们知道，如果我们想调节自己负性的情绪和行为（C），通过改变自己的不合理想法和认识（B）就可以达到这个目的。举一个简单的例子，今天下雨了，有些人会觉得很沮丧，因为下雨给出行带来诸多不便；也有些人会觉得很开心，因为下雨天空气里的负离子增加，空气清新。同样面对下雨这件事，却有了截然不同的情绪，沮丧和开心，就是因为产生想法的不同，如果这个想法发生变化，情绪行为也会随之改变。

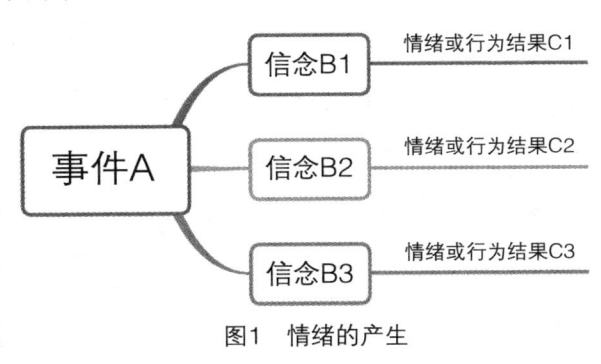

图1 情绪的产生

了解"情绪ABC"理论之后，我们会发现其实情绪并非那么高深莫测，而是有规律可循，有办法可解的。我们再回到案例1中，小林父母是无奈的，毕竟他们看着孩子长大，见证了孩子的优秀；如今孩子厌学，伤害自己，他们心里一定是最难受的。但是想要找到有效的解决办法，仅研究当下孩子的症状和情绪还远远不够。我们需要从一个更为系统的环境中，找到影响孩子的事件和想法。然而，从和小林父母的交谈中，我了解到，当小林情绪出现问题时，父母是不以为然的，总是和孩子讲道理。但越是和孩子讲道理，孩子越不想和父母交流，甚至出现了僵持的局面。同时，小林的妈妈也出现了焦虑和害怕的情绪，为孩子的成长付出了足够的爱的她，担心会变成别人口中那个不够好的妈妈。此时，我明白了，作为父母更容易关注问题，却忽视了情绪。我们看似很关心孩子，实则最关心的是我们自己的感受。当我们关注问题，关注自己的感受时，我们会焦虑，认为孩子的问题就是我们的问题，如果没有得到解决，内心就会有强烈的挫败感。于是，我们就会想当然地忽略孩子的想法，忽视孩子的情绪，理所当然地从自己的角度去提建议、讲道理。于是，我们就把目光焦距孩子的问题行为、负面情绪，想着如何让孩子改变，回到学校就好了。此时，我们要明白的是，从来没有突如其来的情绪问题，也从来不会有无缘无故的厌学自虐，需要我们进行深入的了解，找到孩子的内在想法，跳出自己的偏见，无条件地接纳孩子的想法，无条件地看见孩子，才能帮助孩子。

再看看案例2中的小毛，虽然看似与案例1中的小林呈现出截然不同的行为结果，实则情绪状态是一致的。小毛和同学发生争执，屡教不改，可以说有一种情绪没有被我们看见，那情绪有可能是愤怒、是委屈、是不被理解，当情绪无法释放时，它就向外爆发出来，它是控诉，是发泄，是自我保护。然而，父母理解到这一点会比较难，他们往往看到的是孩子的问题行为，急于纠正的也是行为，情绪没有被看见，需求没有被满足，问题还是会源源不断地出现。所以，为什么有的心理学家会说：先解决情绪，再解决问题。也就是这个道理。

那么，作为父母，我认为可以从以下3点去努力：

1. 爱他如是，非你所愿

"爱他如是，非你所愿"，其实说的就是给孩子无条件的爱。爱孩子，接纳孩子的所有，他或优秀或糟糕，都是你们独一无二的孩子。放下我们的评判，放下我们的标准，去看见孩子，拥抱孩子。

案例1中的小林，他从小在严厉的环境中长大，害怕父母对自己不够满意，害怕得不到父母的关注，于是他只能逼着自己去学习。他不但逼着自己成绩好，也要逼着自己性格好，不顶撞父母。从小到大的经历告诉小林，唯有把自己的负面情绪都掩藏起来，自己才值得被爱；唯有自己成绩优秀，父母才会爱自己。久而久之，情绪被封锁的小林感到焦虑、无助、抑郁，这些情绪都不会随着时间的流逝而消失，只会不断沉淀，从量变到质变，压抑到极致，最终爆发。所以父母对孩子的爱，应该是真实的，不加条件的，和成绩无关，和品行无关。当你对孩子的爱是真实的时候，孩子是能感受到的，他就有能力去表达自己的情绪。

2. 自我觉察，控制情绪

"自我觉察，控制情绪"是对家长们而言的。试着回想一下，你有没有在孩子面前情绪失控过？精神分析学家科胡特曾说"父母是什么人比父母怎么做更重要"。这里的"什么人"我想指的应该是父母的人格。有健康人格的父母，才有能力培养出健康人格的孩子。那么什么状态才是健康的人格呢？我认为首先应该是对自己的情绪有清楚的自我觉察，能够较好地控制自己情绪的状态。

案例2中的小毛，他在情绪失控的时候，总会和同学之间产生肢体上的冲突。然而在家里，小毛每次犯错，妈妈总是以暴力来表达自己的愤怒，去"征服"自己的孩子。那么，这种情绪的表达方式深深地烙印在孩子生命中。所以，在生活中，父母及时对自己的情绪作出觉察，并真实地表达是非常重要的。父母要让孩子知道负面情绪的存在是允许的，也是可以合适地表达的。比如，妈妈可以这样告诉小毛："你这样做，我很难过，很伤心。如果下次你和同学之间找到恰当的沟通方法，不再有肢体上的冲突，我会很欣慰。"那么，孩子就知道了，当有不好的情绪时，也可以适当地宣泄，真实地表达出来。"孩子是父母的镜子。"的确如此，父母只能用自己的生命状态、健康人格去影响孩子，而不是给予孩子各种指令："不能打架""不能发脾气"……

家长也可以引导孩子通过绘画的方式来表达自己的情绪，当孩子能用绘画来表达情绪时，他对情绪就有了自我觉察，对孩子的情绪控制也有一定帮助。

3. 看见情绪，调整想法

情绪的存在，无论是积极的还是消极的，对于孩子的成长来说都具有积极意义。看见孩子的情绪，父母要和孩子同频，有共情的能力。同频，就是和孩子同角度去看待事件。共情，就是看见孩子的情绪，并认同他。举个例子，孩子考试考砸了，你对孩子说："找找失败的原因，下次继续努力！"那么，你还没有看到孩子的情绪。如果你对孩子说："这次考试成绩让你比较沮丧，爸爸来抱抱你，难过的话，哭出来，我陪着你。"那么，你就看见了孩子的情绪。看见情绪很重要，这样孩子才有调整想法的动力。在"情绪ABC"理论中，我们知道，影响情绪行为的并不是事件本身，而是自己的想法。同样是考试的例子，作为父母，你可以帮助孩子看到是否存在不合理的信念。比如，"我这么笨，就是考不好"！"考试对我来说，就是灾难。""我是学不好了，注定是失败者。"……这些都是孩子考试失利后容易产生的不合理信念，父母可以通过鼓励、肯定、支持，让孩子自己去改变不合理信念，例如，"这次的失败，并不意味着一直失败，我相信下次我可以进步的。""这次考试的错题让我知道了自己哪部分没有掌握好，我把错题整理下，下次就可以考得更好。"……同样是考试失利，不同的想法会产生不同的情绪。

在课程的最后，我想和各位学员说：情绪，是我们成长过程中的一个个符号，它来，就去看见它，接纳它，调整自己的想法；它走，就放开它，和它说再见。这是为人父母在帮助孩子的同时，需要做到的。只有我们呈现出饱满的生命状态，我们的孩子才会被我们影响，活出属于他们的精彩。记住，我们是什么样，孩子才可能成为什么样！我们给不了孩子我们没有的，同样，孩子没有办法达到我们不曾达到的生命高度。希望大家能通过了解情绪密码，和孩子一起成长。

学后测评

1. 思考题：如果你知道孩子在学校犯了错，挨了老师的批评，回到家你和孩子说的第一句话会是什么？

2. 思考题：你的孩子在你面前情绪失控时，你会如何帮助他？

第三节 考试后的情绪调整

陈悠，玉环市十佳班主任，玉环市春蚕奖获得者，教育先进个人，教育学研究生。

这节课我们针对学生"考试后的情绪调整"问题进行交流。

每一场考试后，教室里总是上演着"人生百态"。一堆孩子挤在老师边上，追问着题目答案，眼神里既有期待又有畏惧。一堆孩子聚扎在一起，互相校对着自己和他人的答案，时而拍手称好，时而扼腕叹息。有些孩子已经默默投入下一场考试科目的复习；还有些孩子沉浸到考试失利的悲伤中，趴着静静垂泪……

一场考试更是牵动着每个家庭的情绪，往往是几家欢喜几家愁。当孩子考好时，看着他春风得意的样子，你是否会欣喜之余又担心着他下次无法延续辉煌？当孩子考差时，看着他陷入失落情绪的旋涡中，你是否会心疼担忧，却又茫然不知所措？

那么，我们该怎么做呢？别急，我们先来分享一个案例：

主诉人：雨过天晴，41岁，教师

我的儿子今年初三，对学习兴趣浓厚，在班级里名列前茅。为了能够让自己有机会进入重点中学的提前批，他做了详细的学习规划。为了节约路上来去的时间，他自己提出住在离学校近一点的外婆家。每晚，他除了完成学校布置的作业，还坚持钻研难题，一直到深夜。儿子的努力我们都看在眼里，疼在心里。可当最终结果出炉时，他彻底崩溃了，觉得自己一切的努力都付诸东流了，一切的希望都破碎了。他什么也不肯说，总把自己关在房间里，情绪低落。往日见了习题，就像打了鸡血一样的，现在也没什么兴趣了。我该怎么让儿子重振精神呢？

案例中的这位妈妈想必是一位亲切的好老师，温柔的好母亲。所以，她培养出的娃自律又努力，是属于许多人口中的"别人家的孩子"。但是即便是深谙教育之道的老师，面对自己家孩子出现的情绪失衡问题，可能也会茫然无措；即便是如此优秀的好学生，也难逃考试失利带来的失落情绪。

自律的孩子其实最是孤独，他们在寂静的深夜里，在昏黄的灯光下，与难题苦苦纠缠，孤军奋战；他们在层层的考试中，在炽热的期盼下，与自我时时挑战，奋力拼搏。他们承受了太多的期盼，自然也承受了太多的压力、太深的孤独。他们仿佛那根被拉紧的弦，越拉越紧，所以当结果不尽如人意时，那根弦便崩了，所有的情绪便喷涌而出。如案例中所示，这个孩子陷入了情绪的失落中，再也不复最初的斗志。此刻既心疼又焦虑的家长，该如何帮助孩子呢？下面几点小妙招帮你撬开孩子的心门。

一、了解动机理论，练就一颗平常心

我们先来了解一下耶克斯—多德森定律。这是由耶克斯和多德森两位心理学家共同提出的动机理论。

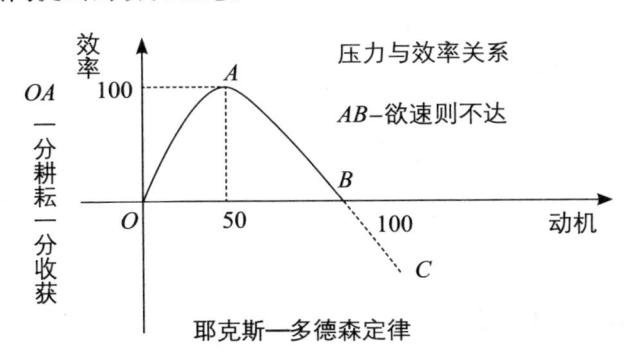

耶克斯—多德森定律

OA 一分耕耘一分收获

AB-欲速则不达

压力与效率关系

从图中可见，动机强度和学习效率之间的关系不是一种线性关系，而是倒U形曲线。耶克斯—多德森定律可分为三个阶段，具体如下：

第一阶段为OA段。此过程学习压力变成了学习动力。学习效率随着学习动机的增加而提高，这一阶段可以称为"一分耕耘，一分收获"。当学习动机水平达到中等强度时，学习效率达到最高值A点。这时学生的心理可以用两句话来形容："具有强烈的学习要求，学习过程中心态又比较平和。"在此种心理活动的催动下，孩子能最大限度地发挥学习的潜能，效率最高。虽说不一定达到事半功倍的效果，但是付出了10分钟努力，就起到了10分钟的效果。

过了A点就进入了AB段。这一阶段学习压力过大，学习效率随着学习动机的增强而降低，学习压力变成了学习中的阻碍力。此时学习动机过强，学生的心情过分紧张，反而无法集中注意力，知觉范围变窄，思维活动呆板，学习效果不好，学生的心理状态因而变得更加焦虑，可以用一句话来描述，就是"欲速则不达"。

过了AB阶段后就到了B点，大家会发现B点的学习效率和O点相同，都没什么效果。但是O点是不努力，不想学造成的，而B点是太想学习造成的。处于B点的学生学习压力太大，他的神经就像一直拉长的弹簧，缺少休息和调节，从而效率为零。

动机理论带给我们的启示是，保持适度的学习要求，且保持平和的心态，这样思维能像河流一样被调动起来，更有利于孩子提高效率。像案例中的男孩子，他有着极强的学习动机。为了冲刺"提前批"，他钻研难题到深夜，做了详细的学习规划，甚至搬到离校更近的外婆家居住。他很想考好这一次"提前批"考试，但是给自己的压力也是巨大的。所以家长们要助力孩子养成平和对待学习、对待考试的心态。如果对于万事万物能够以平和坦然的心态处之，那也是人生的一大智慧！

首先，情绪像感冒，是会传染的。我们希望孩子修炼成一颗坦然的平常心，我们自己就不能是一颗焦虑的玻璃心。每一次成绩一出来，老师的手机里马上就出没一堆焦虑的家长。成绩不理想的家长，埋怨着自己娃的糟糕状况；成绩理想的家长，担忧着自己娃能否下次延续辉煌。这个时候，往往连老师也在无形中焦虑。于是，这些一次一次被传递到孩子身上，甚至会导致一些心理容易失调的孩子出现畏惧考试的心理。

我们不妨转变一下思维角度。面对考试，我们的家长完全无须过度焦虑，用更平和的心态处之即可。阶段性考试的目的仅是检验这一阶段的学习状态，更多的是为了下阶段的状态与方法的调整。孩子这次考差了是好事，因为这为我们提供了解决问题的契机。家长也好，老师也好，孩子也好，都需要平和的心态，不急不躁，不紧不慢。我们用平和的心态去战胜情绪上的起起伏伏，始终秉承着中庸之道，一切便都是最好的安排。

其次，需要转变对孩子的评价标准。家长总会不自觉地盯住孩子从小到大的每一次考试成绩，并且以分数决定对孩子的看法，评价孩子的一切，总将自己的孩子与"别人家的孩子"做过多的比较。但其实这样做只是重结果不重过程，是片面狭隘的。分数不是一个孩子的全部，因而毫无理由把分数与一个人划上等号。我们可以多关注孩子身上点滴的闪光点，要让孩子在自然的、轻松的、没有目的性和功利性的状态中学习生活，享受世间的美好。

当大家都修炼成了一颗平常心，当大家都不再以分数为唯一的评判标准，孩子自然而然心态也会放轻松许多，比之于结果更重过程，从容迎接每次考试。

二、日常温情共处，提高孩子自我效能感

何为"自我效能感"呢？著名心理学家班杜拉对自我效能感的定义是指"人们对自身能够利用所拥有的技能去完成某项工作行为的自信程度"。如案例中的男孩子他一心期望在考试中获得佳绩，但在考试遇到挫折后，便体验到了失落、自责等复杂情绪，从而自我效能感大幅降低。家长们如何帮助孩子们重拾考试过后的自信心，调节考后情绪呢？

1. "陪伴是最长情的告白"

父母与孩子之间的陪伴不仅是生活上的相随相伴，更是精神上的相互理解支持，彼此契合。中考像一座围城，围住每一位考生，使得他们的世界里只剩下了一件事——学习。一个人走路，一个人刷题，一个人守着梦想艰难但执着地前行，那一定很孤单吧！我们的孩子真的很需要陪伴呀！

在他独自一人刷题时，你悄悄地准备好一碟点心或水果，于他而言那是无言的宽慰；在他独自一人奋战到深夜时，你说一声"早点休息吧"！，那会是他简单却温暖的小欢喜……如果，有些关心的言语难以直接表达，那么不妨写写信吧！简单且温馨地分享一些日常小幸福。不管何种方式，我们都要让孩子知道：我是理解你的，我们始终在一起，你并不是孤军奋战。我也始终爱着你，不在于你的成绩考得好与坏，家人永远是你心中最柔情的存在。

2. 目标转移法

为了引导孩子的注意力从不良的心境中走出来，鼓励她多去做一些体育活动，运动总是最解压的。我们还可以鼓励孩子在课余时间去做一些感兴趣的事情。甚至我们家长可以选择一个风和日丽的天气，带着孩子来一

场放空心灵的漫游，亲近亲近大自然。人生失意，山水最能疗伤。当我们将自身融入山水之中，疲惫的心神也能得到舒缓。在苍茫的自然中，一切的悲伤也便不值得一提了。

3. 坦然面对法

这是调节考后情绪，提升自我效能感的好办法。家长不妨在孩子心情状态不错的时候，多多引导孩子坦然面对人生中的喜怒哀乐。告诉孩子考试是人生的必经阶段，但不能完全决定一个人的人生。一次、两次的失误不算什么，要接纳过去，要鼓起勇气，充实信心，对自己要有正向的心理暗示。告诉孩子有时候你的付出不会马上给你带来收获。但是，就好像小树苗要想茁壮成长，那需要一定时间的沉淀，也需要风吹雨打的磨砺。要努力，更要坚守。所有人都是在这样的风吹雨打中摸爬滚打过来的，而我愿意陪你坚持着继续往前走。正如席慕容所说："如果你肯等待，所有漂浮不定的云彩，到了最后，终于都会汇成河流。"

同时，孩子如果处于青春期阶段，父母要注意照顾孩子的情绪，避免亲子关系的对立。良好的家庭氛围下成长的孩子，往往自我情绪调节能力也比较强。

三、引导理性归因，促进孩子反思与成长

我们曾说："阶段性考试的目的仅仅是为了检验这阶段的学习状态，它更多是为了下阶段的学习状态与方法的调整。"由此可见，对于孩子而言，考试过后，理性的深刻分析要比感性的情绪宣泄来得更为重要。唯有理性地思索，从考试中查漏补缺，恰当归因，并适时做出调整，才能在接下来的学习中避免重蹈覆辙。

理性归因是调整学习状态的钥匙。美国心理学家韦纳从个体的归因过程出发，探求个体对成败结果的归因与成就行为的关系，提出了创造性的见解。他认为每个人都力求解释自己的行为，分析其行为结果的原因。无论是成功还是失败，一个人在分析其根由时，主要有三个维度与六个因素。三维度与六因素的结合见下表：

★ 韦纳成败归因理论表格

成败归因理论中的六因素与三维度

	成败归因维度						
	因素来源		稳定性		可控制性	
	内部	外部	稳定	不稳定	可控制	不可控制
能力	√		√			√
努力程度	√			√	√	
工作难度		√	√			√
运气		√		√		√
身心状况	√			√		√
外界环境		√		√		√

我们在引导孩子针对考试进行恰当归因时，要更多地将成绩的好坏归因为内部的可控的因素即努力程度，这样可以避免学生产生习得性无助。当然，可能有家长会说："我家孩子感觉已经很努力了呀！他每天都待在房间里学习到深夜！"那在这里，我们要注意区分孩子是静心专注的真努力，还是徒有其表的假努力，还是效率低下的过度努力。"非淡泊无以明志，非宁静无以致远"，真正的努力是心无旁骛，学有方法，劳逸结合。假努力是表面上看上去很认真，但其实心思早已不知飞到何处。过度努力

是给了自己过重的负担，晚上复习到深夜，第二天上课效率低，反而本末倒置，适得其反了。当然，我们还可以引导孩子将成绩的好坏归因为学习方法是否得当，听课效率是否高效，作业质量是否良好等，总之要归结为孩子内部可控的因素。

当然，学生的努力程度往往和个人制定的学习目标有直接关系。我们可以将学习的目标比作是三个气球：一个气球你怎么跳也够不到；另一个气球不费力伸手就能得到；还有一个气球要用力跳一跳，经过一番奋斗才能得到。那么大家想一想，哪个气球最能给人带来现实的成就感，又会给人带来持续的动力呢？我们会感觉第一个气球容易使人产生挫败感，第二个气球容易使人丧失斗志，第三个气球会让人产生成就感，增强自信心。因此当孩子考完试后，家长要引导孩子根据此次的考试结果设定恰当的学习目标。这个目标是我们孩子需要奋斗一番，用力跳一跳才能实现的。有了理性的归因和恰当的学习目标，那么我们的孩子在下阶段的学习状态中也就有了方向。

最后，希望所有的学子哪怕身处暂时的沮丧中，但他们的灵魂却能欢呼雀跃，心怀远方！

学后测评

1. 单选题：孩子考完试后，情绪失落地回到家，下列哪项家长的做法是恰当的？（   ）

　　A.忙着追问考试情况

　　B.摆出一副指责的脸色，批评其平时学习不认真

　　C.急忙打电话给老师或其他家长，比较孩子的成绩

　　D.微笑面对孩子，为孩子准备上喜欢吃的饭菜，并与他饭后散步

2.思考题：孩子陷入了一个怪圈，她越想要好好复习，越不能进入状态。考试时做题时还很容易犯一些低级错误，甚至晚上出现了失眠状态。作为家长，怎么办呢？

第五讲　棘手问题3：多动与拖拉

处理好了，"问题"孩子一样优秀

张含芬，浙江省班主任工作室领衔人，心理健康A级咨询师，情商培训师。

这节课我们就孩子的"多动与拖拉"问题进行交流。

孩子在学校里，如果活泼过了头，课上课下随意说话，或者上课扭来扭去，眼睛就像自动摄像头，总是捕捉着教室里的风吹草动。而你在家辅导作业的时候，发现孩子也总是分心。这个时候，你是不是很头疼？

孩子看起来一直乖乖的，但是做事拖拉，性格懦弱。他从来不说"不"，看上去是好脾气的样子，但上课总像丢了魂，总爱做白日梦。其他同学半小时能做完的作业，你的孩子一小时了还在磨蹭，你是不是也很头疼？

请允许我给各位分享两个案例——

主诉人：小木妈妈，41岁，幼儿园教师

我的孩子小木已经上初中二年级了，可真是操碎了我这个母亲的心。从他小学时起，就总有老师告状，说小木在课堂上总是扭来扭去，坐不住，字也写不好。任课老师多次跟我沟通，让我带孩子去检测一下，孩子是不是多动症。我和小木爸爸也有这个想法，但小木不愿意，他怕万一检查出来是多动症，心理压力会特别大。四年级时换了老师，更是天天告状，可是越告状，我们的教育越多，孩子就越坐不住。后来小木转了学校，但情况更加不好，全班同学都把小木当作"异类"，觉得他是班里的

"恐怖分子"。进入初中后，小木也是话多、坐不住、书写潦草。虽然初中老师能发现小木的各种好，比如善良、热情、点子多、集体荣誉感强、有文体特长，使得小木在初中人际关系不错，但这孩子还是书写潦草、做题马虎，成绩靠后，我还是操心。

主诉人：果果爸爸，39岁，技术人员

孩子果果已经上小学五年级了。我们夫妻俩都比较忙，所以女儿满一周岁后，一直交给外公外婆带。上小学后，把孩子和外婆一起接回我们自己的家，平时也是外婆在照顾她的生活。果果一直比较乖，不让我们操心。但上学后，老师常反映孩子上课注意力不集中，常常跟不上班级的节奏。低段时，我们都没当回事，觉得是跟老人待久了的缘故。再说，我和爱人读书时成绩都不错，孩子可能只是年纪小，加上性格内向，上课不爱表现而已。但随着年级的增加，我们发现果果还真有问题。看着不声不响很乖的样子，也从不反对我们对她的各种安排，但她总是心不在焉，有时候磨蹭很久，也没做出什么。果果每晚写作业到很晚，但老师却常说孩子的作业还没完成。我们不知道这孩子的小小脑袋里到底在想些什么，随着学习难度的增加，果果未来的学业，还真成了问题。

小木妈妈和果果爸爸的烦恼也是目前很大一部分家长的烦恼。当孩子多动爱闹时，家长们就会猜想我的孩子，是不是得了多动症呢？当孩子拖拖拉拉，容易走神，家长就会觉得孩子是不是出现了我们所不知道的问题呢？这看似表现迥异的性格，不管哪一种都令家长头疼。他们之间还有个共同点，那就是注意力都不能集中。

家长们难免担心，我要拿什么来拯救我的孩子呢？

遇到这类问题，着急是没有用的。我们不妨用最形象的方式来讲解这两种问题。小木妈妈和果果爸爸都是40岁左右，在你们的童年时代，应该看过日本动漫《哆啦A梦》吧？片中的胖虎性格冲动，动不动就要发脾气，一副孩子王的架势；大雄却性格懦弱，做事拖拖拉拉，注意力容易分散。

这两种看似迥异的性格，却被日本专家定义成了同一种疾病，叫作"大雄·胖虎综合征"。这是日本针对先天性脑机能障碍中ADHD这类精神官能障碍的名称。

以下几点，我们要先弄清楚。

1. 什么是ADHD？

ADHD是指注意缺陷多动障碍（Attention Deficit Hyperactivity Disorder），也称为儿童多动综合征。主要表现为与年龄不相称的注意力易分散，注意广度缩小，不分场合的过度活动和情绪冲动，常伴有认知障碍和学习困难，智力正常或接近正常。

ADHD分为三个亚型：以注意力缺陷为主的I型、以多动冲动为主的H型，还有两种症状都具有的混合型——C型。

I型，主要是注意缺陷，基本没有多动、冲动症状，比如大雄这样的状态——粗心大意、注意力散漫。据有些患者自称，觉得自己的脑袋就像小鸟的胃，吃一点点就饱了，可能只看了一会儿书，只写了一点作业，脑袋就会感到有压力，无法再继续工作下去。

H型往往过度好动、喧闹，容易冲动，比如胖虎这样的状态。他们的脑袋往往过度活跃，分分钟都有奇思妙想，并且控制不住地想要跟人分享，所以，就会变成专注力不足，这跟I型是完全不同的。

打个比方就更好懂了，I型和H型，都是没钱，I型本身就是贫穷，而H型不是贫穷，但由于买东买西，所以没钱。

2. 如何判断孩子是ADHD？

据美国精神病协会统计，美国共有1500万人患有此病，患病率为3%~5%，据中国国内的研究，在中国此病患病率为1.3%~13.4%。其中大多数人并不知道自己问题出在哪儿，很多H型的患者，常在上学期间被看作不守纪律，学习态度有问题，经常受到很多批评；I型比较隐蔽，更容易被忽视，尤其是一些女孩子，更是被错误地当作学习能力弱，智商有问题。

此外，大多数孩子都是活泼好动的，也不能把孩子天性的好动当作多动症。如何初步区分孩子的好动与多动症呢？儿科医生给了家长一个金标准，即能否专注完成一样事情。多动症孩子不能专注完成一件事，他们大多是病理性的，动作过多，不能自控；注意力严重分散，眼神交流比较少；常常合并一系列的情绪变化，比如暴躁、易怒。而孩子的活泼好动是生理性和社会性的，他能玩得很嗨，但学习是可以认真的，能专注完成一样事情。

怎样算是能专注完成一件事呢？心理咨询师给出了一个小妙招：取一张A4纸，竖向放地上，双脚站上去；取六粒黄豆，分别用两手大拇指之外的第一个指节夹住，手自然下垂，手掌放平。如果这样的姿势保持的时间和年龄相称，就具备正常的专注力。

目前，各种资讯提供了很多关于多动症的描述，家长朋友切不可自己根据提供的标准加以测试，然后对孩子妄加判断，给自己和孩子造成压力、带来误导。当你依据这些简单的测试怀疑孩子可能有多动倾向，若想得到准确的判断，只有去专业的医院找专业的医生来测试。就像小木妈妈和果果爸爸，如果对照罗列的测试标准，觉得孩子有可能有此倾向，可以去找医生做专业测试。

3. 多动症孩子的学业，能优秀吗？

传统上，包括医生，都会从病理学的观点来看待上述孩子的特点，并贴上"失调"或"障碍"的标签。但美国的爱德华·哈洛韦尔博士和约翰·瑞提博士却不这样认为。他们认为，这些思维特点是优缺点兼具的混合物，一旦你正确应对，它们就能开出绚烂的花朵，结出丰硕的成果。在他们合著的关于"分心"话题的系列书中，他们坦诚，他们自己也是分心者。他们指出：

每个人都应该注意自己的思维特点，把它看作世界上最特殊也最珍贵的花园。这并没有什么"缺失"，有的只是注意力的徘徊和游移。分心的人就像去野餐的孩子，完全不会去考虑其他理由或任何危险，只是任由好奇心的引导。他们虽然存在很多问题，比如分心、冲动、好动，但换个角度来看，容易分心是因为他们对一切都有好奇心，容易冲动是因为他们充满了创造力，好动是因为他们精力充沛。

这套书中的第一本《分心不是我的错》介绍了注意力的概念以及它在生活中的不同表现。第二本《分心也有好人生》侧重以应对方法来帮助分心者获得满意的人生。第三本《分心的孩子这样教》是指导父母如何抚养具有分心特质的孩子。第四本《分心也有好婚姻》讨论了婚姻在这个充满干扰、匆匆忙忙、问题不断的世界中受到的影响，提出了一系列积极的解决之道。

4. 如果确诊是"分心"，如何帮助孩子?

如何帮助孩子消除不靠谱、低成就感等负面的自我形象？在长期的负面评价中，分心的孩子往往形成了负面的自我认知，他们早就忘了自己的优点，他们根本不相信事情会有好转的一天。像案例中的小木，早就觉得自己是一个坐不住、话多、作业潦草、成绩垫底的孩子。于是，小木不会按照更高的要求来对待自己。但初一下学期时的一次全校"班班唱"比赛中，小木被发现了唱歌的天赋，外聘的辅导员安排小木领唱，在一千多人的现场，小木嗓音纯美高亢，音准也很不错，形象也很阳光。在台上的5

分钟，小木并没有乱动。领唱的经历给了小木成功的体会，小木后来就有信心给自己设立目标，并努力实施。请看下图：

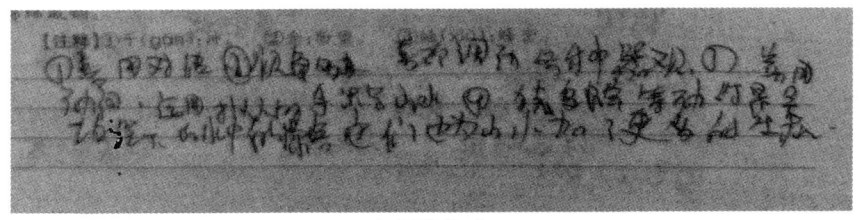

七年级作业

八年级试卷

用合适的语言跟孩子解释注意力缺失症。小木不愿意去医院做测试，怕确诊了会有心理压力。其实大可不必，对于注意力缺失症而言，诊断本身就是治疗的一部分，诊断带来的不是压力，恰好相反，是极强的解脱感。在这之前，会觉得自己不够努力才做不好，诊断之后，才知道分心和努力、道德毫无关系，这只是精神异常状况，是可以治疗的。当然，要不要说，如何说，也都因人而异。但有基本的原则，比如实话实说，用正确的名词，告诉孩子并不代表他笨、他是残障或他很坏，也告诉他关于注意力缺失症的典型人物，可以是历史上的伟大人物，也可以是身边的亲友。

让周围的人知道注意力缺失症，尤其是家人、老师和朋友。周围的人了解得越多，就越能改善人际关系。假如老师了解了你的状况，知道不论是分心、冲动还是好动，都不是你自己想这样的，都和品德无关，老师就会理解你、鼓励你。"因材施教"的前提是真正地了解"材"，尤其是那些特殊的"材"，更要主动创造条件让别人了解。比如案例2中的果果，若果果是分心者，老师了解了这一特点，老师在安排座位、布置作业、课堂提问等方面就会给果果更合适的教育。

建立美好蓝图，注意力缺失症的重点是组织和结构。就好像一杯水，打破杯子，水到处流淌的样子，就像他们天马行空的思维，结构就像盛水的杯子。结构指的是重要的工具，比如清单、手账、便条、笔记本、闹钟等，可以补偿他们内在缺乏的自控力。可以列出每周必做的所有事，然后填在画好格子的手账上。比如，逢单数的日子晨读要读语文，每周三早晨还要交随堂笔记，每天晚上要跳绳500下。这些固定的时间会在潜意识中生根，生活有了规律，就会轻松很多。

教孩子学会管理自己的情绪。情绪管理对孩子现在的学习和未来的人生发展具有无可替代的价值。鼓励注意力缺失症的孩子培养自我觉察能力，如果孩子能够控制自己的情绪，能对经常变化的情绪有动态的直觉，就为自我理解和提高心理领悟力奠定了基础。平时，父母可以安排孩子在家有固定的"情绪发泄"专属时间，只要安全无误，可以为所欲为，比如跳劲舞、听摇滚、大吃一顿。也可以每一天都留半小时的"充电"时间，把真正的放空自己当作"充电"。还可以主动地支持孩子选择有益的事物上瘾，比如踢球、绘画、阅读，许多患者具有上瘾型或冲动型人格，总是会对某事物沉迷不可自拔，试着把这种个性发挥在有益的事情上。

最后，我想说——

多动与拖拉，虽然会让孩子和家长在成长路上多了很多麻烦，但家长如果能认识症状，对症施教，多动与拖拉也没有那么令人头疼。教师也是如此，如果我们都把存在的问题当作我们专业成长路上遇见的契机，认识问题，研究问题，解决问题，我们就会有更好的心态面对孩子，也会形成更专业的学识素养来帮助孩子。愿每一个家长和老师都能修炼一颗柔软的心，做孩子们独特思维花园的好园丁，愿孩子们能照顾好自己的思维花园，开出美丽的鲜花。

学后测评

1. 多选题：如果你是小木的妈妈，学习本课之后，你会如何跟孩子解释注意力缺失症？请选择合适的选项（　　　）。

A. 实话实说

B. 拒绝使用专业术语，因为孩子难以理解

C. 怕孩子知道了心理有阴影，选择等他成年之后再说

D. 会告诉他有许多很有成就的人也是注意力缺失症患者

2. 思考题：若果果确诊是注意力缺失症，你要不要跟果果的老师解释此事？为什么？

3. 论述题：面对注意力缺失的孩子，如何帮助他？

第六讲　棘手问题4：推卸责任

第一节　那些本是可以预约的美好

王立华，山东省临沂光耀实验学校副校长，正高级教师，出版著作多部。

今天要分享的这个主题，恐怕一些家长听起来会很不舒服。所以，在分享之前，我建议大家不要对号入座。我仅就事论事，结合我们的思考来探讨如何应对孩子的推卸责任，或者说是应对孩子的责任意识淡薄的问题。

2014年4月27日早上，我在临沂市滨河景区跑步时累了，便坐在椅子上休息。暮春时节，滨河景区的花开得很茂盛，两个六七岁光景的小女孩起初在花丛里玩。后来，大一点的女孩便开始摘花，并插在头发上，非常好看。随之，小一点的女孩也摘花并插在头发上。"谁让你摘的花？"不知道什么时候，两个小女孩的背后来了一位年轻的妈妈A。从大一点女孩的紧张程度来看，应该是她的妈妈。大一点的女孩很快把花摘下来，看着妈妈严肃的脸，由委屈再到啜泣，最后干脆放声哭了起来。"哭什么哭，谁让你摘的花？"年轻妈妈不依不饶。我知道，她在给孩子上社会公德课，便不打算去制止。可这时，戏剧性的一幕出现了，大一点的女孩哭着说："是她先摘的，然后我才摘的。"小一点的女孩受到了委屈，也哭了。"好吧，我原谅你了！但是，你要记住，就是别的小朋友先摘了花，你也不能摘！"年轻妈妈的话语掷地有声，语气刚硬。我刚想和年轻妈妈交流几句，她已经拉着大一点的女孩离开了。

看着娘俩离去的背影，我内心久久不能平静。我在不停地追问三个问题：小女孩为什么要撒谎呢，而且是用冤枉别人的方式来为自己开脱，她这样做会有什么危害呢？实践证明，六七岁的孩子，不一定能准确地区分事物的"是非黑白"，其价值观并没有完全确立。为了不被妈妈批评，大一点的女孩选择了冤枉别人，降低自己的错误成分。如果这位妈妈在不经意间经常默认孩子的这种行为，大一点的女孩在成长过程中，如果自己犯错了，就会想方设法地把责任推给别人。再设想一下，如果这个女孩将来在学校里、在社会上一次次地推卸责任成功后，她会不会毫无底线地做任何错事呢？

我没有和小女孩的妈妈沟通，也就无从知道这个女孩为什么这么怕妈妈的批评。设想一下，如果小女孩的妈妈看到女儿摘花后，不是急于给女儿下结论、贴道德标签，而是先询问女儿为什么要摘花，然后慢慢地引导女儿，如果爱美、喜欢花，可以去花店买花。最后，再因势利导地告诉女儿不能摘景区里的花。这样，既维护了女儿爱美的心，也向女儿传输了要具备爱护公共财物的公共责任，更教给了女儿寻求生活美的方式，一举多得。

从年龄大一点的女孩妈妈的严肃话语体系来分析，她平时的家教方式应该是比较单一的，只要小女孩一犯错，可能就会招致严厉的批评、惩罚。或者是，小女孩认错后，妈妈也会严厉地批评她。这样，认错之后的小女孩，既受到了批评，也受到了惩罚。长此以往，小女孩就不想承担责任了。这种家庭教育方式还会导致孩子在家庭生活里无所适从，感觉自己稍不留神就会被家长批评，自己无论做什么，都有可能招致家长的批评、惩罚。在这样的家庭氛围中，一些孩子会观望、等待、没有自主性，于是做事拖拉、推卸责任的现象就出现了。

如果，做家长的按照我们提到的假设性做法去做了，或许，推卸责任的事情就不会发生，或许，一切都是可以预约的美好。当然，我们承认，在孩子漫长的成长过程中，每一位家长不可能时刻警惕，成为一位永远称职的家长。任何一位家长带给孩子的家庭教育，不可能事事都对，时时给孩子提供一个完美的、纯净的成长环境。孩子在一些时候、一些事情上会感觉到自己经常被家长无原则地拒绝，这种不被家长关注、呵护的无价值存在感，会经常性地出现在孩子的成长环境里。

到这里，我特别想分享安阳学院的张燕平老师曾提到的个案。

有一家人，有一个5岁的女儿和一个4岁的儿子。两个孩子平时很乖巧、可爱。一天晚上，姐弟俩刷牙的时候，姐姐碰掉了玻璃杯。姐姐起初愣了一下，不知道是不是被吓到了，随即看着正在刷牙的弟弟哭了起来。姐姐一边哭一边说，看看你，看看你！弟弟不知道姐姐在干什么，边刷牙边看着姐姐。听到哭声后，妈妈赶紧过来，观察了一会儿便跟姐姐说，你打碎了杯子，不是故意的，妈妈不批评你，没有事的。弟弟离你那么远，你打碎了杯子跟弟弟没有关系，怎么能怨弟弟呢？过来吧，别让碎玻璃伤到你和弟弟，你和弟弟先睡觉，妈妈一会儿就把玻璃碎片收拾起来。这位妈妈保护着两个孩子离开后，开始收拾玻璃碎片。

这位妈妈的实践虽不能说是完美，但话语内容体现出来的问题处理方法是合理的。最起码，在当时的情形下，这位妈妈的应对话语和后续处理策略，对两个孩子都是没有伤害的。

第一，妈妈及时通过简短的语言来安抚女儿，让女儿马上明白，妈妈知道自己打碎玻璃杯不是故意的，妈妈也会原谅自己的错误，妈妈还担心我被玻璃碎片伤到，妈妈是关心我的、爱护我的。这样，尽管女儿打碎了玻璃杯，但不会觉得自己做了错事就一定会受到妈妈的严厉责骂，也不会因感觉到无助而害怕，更不会产生害怕、焦虑的情绪。

第二，妈妈让女儿明白，因为弟弟离你比较远，你打碎玻璃杯和弟弟没有关系，是你自己的责任，不能把自己的失误归罪到弟弟身上，更不能抱怨弟弟。就是抱怨弟弟，也不能减轻你的失误！这样就能让女儿心甘情愿地为自己不小心打碎玻璃杯和自己错误的归因方式负责任，从而对女儿责任意识的唤醒、责任担当习惯的养成，会有很大帮助。

第三，妈妈会立即打扫玻璃碎片，不会让玻璃碎片伤害到女儿和儿子。妈妈这样做，让女儿意识到，作为家长，妈妈在想方设法地尽到自己的责任，并把自己尽责任的行为立即执行，转化成保护自己孩子的行为。妈妈这种勇于承担责任的行为，会给两个孩子的成长带来积极影响，尽管目前不一定会显现效果。

张燕平老师提到的这位家长的理性处理行为，给了我们有益的启示，对于大多数家长而言，孩子出错（或出现失误）后，一定不要把大量的精力（或主要精力）用于想方设法地让孩子认错，并批评、惩罚孩子的错误行为，似乎只有这样才能避免孩子将来出更大的问题。实际上，孩子犯错后，更需要家长运用共情策略，站在孩子的立场，帮助孩子寻找出错的原因，然后根据原因来确定问题解决的方向、策略。这时候，家长一定要让孩子认识到，做错了并认错不会招致家长的批评、惩罚。只有这样，孩子才敢于认错，甚至勇于认错，进而寻找问题解决的方向、策略。

但是，这种理想化的畅想不好实现。我们仔细梳理身边孩子的成长现状，就会发现不少孩子还是存在诸多推卸责任的现象。比如，自己的作业没有完成，像没事人一样跟老师说我忘记记作业，或者说我忘记带课本。那么，忘记记作业，可以去问别的同学作业是什么，第二天到校后可以主动告知老师自己补写作业的完成时间等。忘记记作业和不写作业没有必然的联系，不是孩子不写作业的直接原因。再如，学生与学生之间一旦发生矛盾，不少学生先指责别人的不是，不从自身找原因。孩子平时用完东西不知道放回原处，随意乱扔，完全意识不到这给家长和自己带来的麻烦。孩子出去玩之前，离开房间时不知道关空调、关灯，仿佛这样浪费电就是应该的，家长"应该"承担起这点"小小"的电费。

既然家长不能时时有意识给孩子带来正面影响，不能保证事事做正确，家长就能忽视孩子的推卸责任吗？答案是肯定的，家长不能忽视，更不能放任不管。那么面对孩子出现的推卸责任现象，家长应该做哪些准备工作呢？下一节课，我们继续。

学后测评

1. 单选题：共情是一种体验别人内心世界的素养。下列选项中，对共情的内涵理解有误的一项是（　　）。

A. 咨询师运用咨询技巧，把自己的共情传达给求助者，以影响求助者并取得影响反馈

B. 咨询师借助求助者的言行，深入求助者的内心去体验他的情感、思维

C. 为了取得求助者的信任，咨询者要无原则地与求助者站在一个立场上

D. 咨询师借助自己的知识、经验，把握求助者的体验与他的经历和人格之间的联系，更准确地理解求助者要求助的问题的实质

2. 简答题：共情素养是现代家长的核心素养之一。假设要提醒妈妈A应具备共情素养，你建议妈妈A从哪些方面努力？

3. 简答题：对比妈妈A和妈妈B的做法，试着总结出家长运用共情策略大致分为几个阶段？

第二节　规避推卸责任的四个准备

王立华，山东省临沂光耀实验学校副校长，正高级教师，出版著作多部。

这节课我们来具体分享有效规避孩子推卸责任问题需要做的准备工作。根据多年学习、观察和实践，我认为家长需要做好四个方面的准备。

一、找到孩子不愿意承担责任的原因

1. 家长替孩子承担责任

有不少家长对孩子的控制欲强，生怕孩子吃亏、受到来自外界的伤害，尽最大可能地替孩子做选择、做决定。有不少家长宠爱孩子甚至溺爱孩子，不想让自己受的苦让孩子再受一遍，于是从小到大尽可能地为孩子包揽各种生活琐事。考试前，家长担心孩子考不好，替孩子焦虑；学习难度大了、考试内容变化了，家长替孩子担心。还有一些家长，孩子犯错之后喜欢护短，生怕自己的孩子承担责任，要么帮孩子推卸责任，要么替孩子承担责任。这些行为给很多孩子一种心理暗示，"凡事只要有爸爸妈妈在，我不用操心"。

2. "告诉"孩子不用承担责任

一些家长间接或直接地"告诉"孩子不用承担责任。比如，一些老年人看到孙子、孙女摔倒了，或者撞到了墙壁、家具开始大哭时，就会一边用脚踩地，或用手拍打墙壁、家具，一边说："打你——打你——叫你欺负××"！这其实是在引导孩子推卸责任。通过这种引导，孩子从小就会养成把一切责任推卸给别人的习惯。再如，有的家长回家后不想再像在

工作单位一样努力，通过刷手机、追剧来打发时间，家务活能拖一会儿就拖一会儿。孩子长期生活在这种家庭氛围里，自然会养成推卸责任的习惯性思维：我摔倒了是地的错，我撞上家具是家具的错，学习不好是老师的错，相处不好是邻居的错，工作不好是老板的错。

3. 推卸责任是孩子的一种自我保护策略

实际上，从成年人的视角来分析，孩子推卸责任的小伎俩，一定会被大人识破，可孩子为什么还要掩耳盗铃呢？从表面来看，孩子推卸责任是一种很"傻"、很"没脑子"的行为。在心理学的视野里，孩子推卸责任是一种自我保护策略。年龄小且不懂事的孩子，犯错后必然会出现惧怕心理，担心自己的错误行为会招致家长的批评、处罚，便试着推卸责任以逃避家长的惩罚。此时家长应该理解、接纳孩子的错误，然后教给其科学的处理方式，以免造成孩子过大的心理负担。

二、家长要扭转观念，引导孩子积极承担责任

美国正面管教体系创始人简·尼尔森博士的基本观点体现在《正面管教》一书中。她认为，"犯错是学习的好机会"。运用正面管教，既不是基于孩子出现的错误或"抓小辫子"或"翻旧账"去惩罚孩子，也不能无视错误、娇纵孩子。她倡导让孩子在一种和善、坚定的气氛中，培养出能自律、有责任感、肯合作、能独立解决问题等素养，为这些孩子将来学会社会生存的技能奠定基础。

把"犯错"作为学习资源，与我们从小接受的正统的中小学教育观点并不一致。不管是在家庭中还是学校里，我们从小就被家长、老师告知不能犯错误，至少少犯错误，否则会受到严厉的惩罚。在一些家长看来，学生因为分工不同，犯了错就是不可原谅的，就应该被批评、责罚。在这

样的观念下培养出来的孩子,不敢犯错,也不能犯错。犯错后,自己会受罚,而家长、老师也伤心。为了不让自己受罚,也不让家长、老师伤心,学生只好转嫁责任,甚至学会了推卸责任。于是,像案例中呈现的一样,孩子撒谎、隐瞒、叛逆、报复,事后仍会再犯等一系列的负面效应就产生了。

孩子犯错时,家长完全放下愤怒、不理智,放弃批评、惩罚,变成富有智慧的"导演",巧妙地把孩子的犯错变成教育孩子的资源,对孩子应该进行教育训练,引导孩子积极承担责任。

三、家长要主动承担起家庭责任

家长要排除一切干扰因素,主动地承担起应付的家庭责任。家长这样做,一定会给孩子树立积极承担责任的示范榜样。对孩子来说,家长积极承担起应有的家庭责任,完成家务活是最直接的也是最有效的示范体现。因为孩子天天生活在家庭中,家长的推卸责任、积极承担责任、互相帮助等行为,孩子能直接看到,也会受到影响。家长一定商议好,通过分工合作、雇用钟点工、克服懒惰与心情不佳、制订可操作的完成计划等策略及时完成家务活,在给家人营造一个整洁、条理、舒适的居住环境的同时,也给孩子树立良好的示范榜样。

四、家长要给孩子承担责任的机会

孩子不是天生就会承担责任的,其责任感是慢慢地培育而成的。陶行知先生说,"流自己的汗,吃自己的饭,自己的事情自己干",家长应该给孩子承担责任的时空,并借此培育孩子的责任意识。

1. 唤醒孩子承担责任的意识

从打扫家庭卫生、整理自己的书包、把学习用品秩序化等方面开始,家长要引导孩子学会制订可操作性高的、便于执行的生活计划，学会合理地支配自己的时间，专心致志地完成该做的事情。在这样的家庭氛围里，孩子的自主意识才会被唤醒，主动、勇于承担责任的意识才会被唤醒。比如，对于孩子家庭作业的完成，家长一定要告诉孩子，完成作业是你自己的事情，督促孩子保证作业完成的质量才是家长、老师的责任。如果孩子能在自己计划的时间内高质量地完成家庭作业，家长就让孩子去做自己想做的事。

2. 引导孩子正视自己的不足并及时弥补

家长要借助老师的力量，和孩子一起分析孩子容易出问题的时间、容易出问题的地方，然后就如何解决这些问题经常组织孩子练习，提高孩子应对这些问题的能力。家长组织孩子练习的过程，就是责任的澄清、赋予与培育的过程。

3. 心理自我治疗

家长自己或者借助老师、专业人士的力量设计"我负责"的心理自我治疗。家长平时和孩子交流，让孩子讲述自己的学习、生活等行为、感受时，都使用"我对我的某某行为负责"的句式。比如，"我对我的课前预习习惯养成负责，我具体是这样做的……""我对我的语文名著阅读计划负责，我具体是这样做的……""我对我的个人卫生负责，我具体是这样做的……"这种练习看似单调、机械，却对孩子责任意识的唤醒、培育很有实效。从打扫家庭卫生、整理自己的书包、把学习用品秩序化等方面开始，引导孩子学会制订可操作性强的、便于执行的生活计划，学会合理地支配自己的时间，专心致志地完成该做的事情。在这样的家庭氛围里，孩子主动承担责任的意识才会被唤醒。

4. 家长和孩子互相监督

家长和孩子可以制定一个简单的落实监督表，要么是一个月，要么是半个月，要么是一个星期，制订共同完成的学习任务、家务活完成进度，并互相监督执行。在互相监督中，家长和孩子完成自己应该完成的任务，也就逐步明确了各自应该承担的责任。

5. 一起协商、确定各类生活规范

家长应该在日常生活中，和孩子一起逐步协商、确定各类生活规范，并明确违反了规范会受到什么样的惩罚、怎样完成这些处罚。孩子违反了生活规范后接受惩罚，就是在引导孩子学会为自己的行为负责。这些生活规范的确定，家长不能拔高设计要求，也不能人为地降低设计标准，要依据孩子的身心特点与孩子一起协商设计。比如，全国妇联组织编写的《儿童家庭德育指导手册（3～6岁）》中提到，3～4岁时，让孩子知道自己的事情自己做，不依赖人；4～5岁时，让孩子知道自己在家里的角色和任务，并在成人指导下坚持完成；5～6岁时，让孩子愿意主动承担在幼儿园的任务，并坚持做完，不半途而废，还要努力完成老师、父母与长辈交给的任务，并坚持做完，不半途而废。家长根据这些心理特点来设计生活规范，孩子接受的程度会比较高。

6. 要奖励孩子积极承担责任的行为

家长还可以跟孩子一起制订各自的生活、学习计划，严格执行的一方会获得奖励。比如，奖励方式可以设定为哪一方提前完成了自己的生活、学习计划，就可以用节约出来的时间实现自己的另一个愿望。这样长期坚持，可以极大地增强孩子完成计划、承担责任的成就感、幸福体验。另外，家长还可以通过引导孩子调整生活、学习计划来培育他们的责任意识。这时候，家长要引导孩子重新估算完成某一生活、学习任务的时间，精确地分割完成任务的时间、休闲时间，并重新选择生活、学习任务的呈现方式与完成方式，增加孩子计划完成质量的自我评价分量，形成新的完成计划。孩子在完善计划的过程中，会时刻想着"这是我自己的事"，慢慢地就培育了自己的责任意识。

各位学员，相信经过我们以上的交流，您应该懂得了如何培养孩子的责任意识，让孩子远离推卸责任，从而追求有主见、有担当、愿实践的美好。

学后测评

1. 案例分析：请评析案例中妈妈的做法是否恰当，如不恰当请简析原因。

班主任在检查中发现轩轩没交作业，便问轩轩怎么回事。轩轩不假思索地说："王老师，肯定是我爸爸没把作业本放进书包里。"班主任又问："这么确定？"轩轩说："每天晚上都是爸爸负责整理我的书包。"下课后，班主任给轩轩爸爸打电话询问情况时，轩轩爸爸立即道歉："对不起，王老师！我昨天晚上检查完作业就放在沙发上了，忘记放到书包里了。我以后一定不会再落下了。"

2. 判断题：结合本章的学习体会，请判断下列家长行为的对错。

（1）晨晨爸爸认为，家长在让孩子独立完成学习任务时，要学会等待，能容忍孩子的不完美。（　　）

（2）依依妈妈让依依学着自己叠被子时，看到依依叠得又慢又不整齐，便生气地说："你看看，你这么费事，还不如我自己收拾。"（　　）

（3）群群爸爸认为，让孩子独立完整地完成学习任务、家务活，有助于孩子留存自我负责的心理体验。这样的心理体验积累多了，孩子的责任意识会得到强化、巩固。（　　）

（4）芯睿磨磨蹭蹭，上学要迟到了，芯睿爸爸也不催促，他打算让芯睿自己去面对迟到的后果。（　　）

（5）子翔没有物品归位的习惯，学习用品随便乱放。有一天，子翔

把自己的屋子翻了个底朝天也没找到参考书。为了节省时间，妈妈帮子翔找参考书。（　　）

3. 论述题：回顾自己的家教经历（或者是父母教育自己的经历），总结出自己认为比较有效的一次责任教育经历。可从这次经历的背景、策略选择的理由、过程概述等方面进行。

第七讲　棘手问题5：价值偏差

第一节　孩子想要的就是让你看见

方丽，心理咨询师，河南省名班主任工作室核心成员，河南省骨干教师，南阳市教育教学先进个人。

如果孩子的价值观出现偏差，对家长来说是比较头痛的事情。今天，我将结合自己的一些认知，和大家就这一棘手问题进行探讨。希望我的分享能给您一些启发。要提醒各位的是——

接下来的探索都是基于很多实践研究的。一件事的处理方法，一句看似简单的道理，背后都有无数的案例和实验来支撑它。有的人看了，有的人看了、读了，有的人看了、读了、品了，还有的人看了、读了、品了、反思了，有的人接下来还结合自身实践、有的人实践后又反思、修正了；有的人再后来断了，有的人在记忆快要模糊遗忘时又进行了再实践，最终就成了某个人的思想和能量。

这就是差别。我们所说的发现和案例都是基于一定环境和基础前提的，它们应该会给您一些启发，您可以认真地读、品我们的思路、实施的过程以及最终形成的场域。同样的一句话或相同的处理方案，如果顺序、时间、语气，被改变或更换可能就会是另一番遭遇。

现在和各位交流第一个问题——辨析关键词。

当你看到扭曲价值观、自私、冷漠这些词时，第一感受是什么？压抑的？难受的？扎心的？还是……其实压抑是正常的，因为自私、冷漠这些词在普通人的认知中属于"消极词汇",缺乏向上的力量感。若您是扎心的感受的话,那很有可能您曾感同身受。每个字、词都带有它的能量场,当你听到或看到开心、激动、幸福这些有感召力的词汇时自然就会形成愉悦感;当你遇见难受、抑郁、冷漠这些词汇时,你虽未经历新的事件发生,但内心和表情也一定呈现出不同的变化。

闭上眼,和我一起试着想想,是这样吗?

案例1:

一年级的孩子,喜欢画画,每次画画完都要让大家看。你不看都不行,否则他会把画撕了、扔了甚至是怒吼。再问他什么也不说了,但是过一会儿自己又好了,和什么也没发生过一样。家长认为孩子自私自利,只以自己的心理、理想为重,不为父母考虑,不会看眼色,问什么他也不说,就是冷漠无情。老师却反馈孩子在学校表现良好,一切正常,也和同学们相处得很好。

案例中的一个关键词"自私"。一说起自私,好像指的就是这个人只为自己着想。

这里我们先说说"自"字:自由、自在、情不自禁、不由自主;上升到:独自、自言自语;再上升为:自我、自作自受;最后到自私、自以为是、自命清高。从情绪上你能感受到逐渐加深。

你也可以自己脑补一下什么是"私"?私人?私有?什么是"冷漠"?冷落?冷淡?对事、对人冷淡不关心、无所谓?

现在拿出一个本子把它写出来,体验此时你内心的感受。

不难看出,自私、冷漠、扭曲价值观都是有程度的,它有轻度、中度、重度之分;那么,哪种程度的"自私""冷漠"是有问题的?你的孩子现在处于哪个阶段?是这样吗?你确定是这样吗?同样,按暂停键,停下来3~5分钟，来思考、回忆、再问问自己。

在这个案例中，你肯定和我一样感受到了孩子的无辜。孩子想要的很简单，无非是被看见，他那么用心地创作，完成了自己满意的作品，给家长看，家长却以忙为借口不看，或者敷衍了事地说一句"画得好"了事。几个月的孩子都会看人脸色，何况一年级的孩子，他绝对不笨！更不傻！

这种情况就是我们所说的轻度扭曲。其实很简单，孩子只需被家长和老师理解、共情，而不用被教育或者强制性矫正。因为当你真正用情说出那句话、用行动践行理解与共情的时候，他的情绪大火或许已经被灭掉一大半。

案例2：

男生，初中生。很多人给他贴上的标签是——冷漠、自私和精致的利己主义者。他反问我："在这个世界上，性格内向、不喜社交、不爱搞圈子文化的人，都要被贴上'自私自利'的标签吗？"妈妈说他怎么只活在自己的世界里？还非要他干这干那。他的不服从被说成是太冷漠，说流行词用在他身上简直不要太适合了——"躺平"。这孩子真的觉得太冤枉了。"我只是精力有限，不想把有限的精力消耗在自己不喜欢的活动上，我该怎么办？我爸妈越这么说我越不想动，越不想干，就让他们认为我是一个自私冷漠的人吧！"

这个案例你有什么感受？他叛逆吗？无知吗？他"叛"的是谁呢？

在父母眼中，孩子自私、冷漠，学习不主动、不热爱；回应父母时不专心、爱走神；以敷衍拖沓的态度对待父母的各种问题；不自觉，需要催促；不努力争取更好的回应；不喜欢积极热情地去做事情……

孩子呢？他认为自己是积极主动的，只是"我听了，你却说我没听进去；我做了，你却说我没认真；我想说了，却被你的一句冷嘲热讽突然叫停"。

可见，孩子和父母压根儿就不在同一条线上。父母习惯只看表面的行为态度，而不去关注背后真正的原因和行为动机；且对于自私冷漠家长也会不自觉地提高标准、扩大范围。所以，个中不乏父母的误诊或过度紧张。

那么，扭曲价值观背后的心理机制是什么呢？

科学研究表明，自私冷漠产生的原因有以下几种：

（1）不可抗拒的生理原因。年龄小或正处于敏感期。

（2）基因遗传。气质无好坏，从父母那遗传得来的，并不是你想改变就能改变的，他们并不觉得回应和主动是生命中最有趣的事情。

（3）对象牵引。本身可以热情主动，但只是不想对特定的人，因为你不理解。

（4）父母容易"杯弓蛇影"。夸张要求，还郑重其事地说教，使孩子不满其说教方式。

（5）事出有因。孩子被某些人、某些事伤害了，产生了一种自保动作和退缩性反应，不回应、不主动、不热爱。

（6）压力积累孩子。长期努力为了满足父母的较高期待，一直以来的乖巧懂事，但突发的、急性的"生理病变"造成不可逆的自私、冷漠、不回应等。

懂得了扭曲价值观产生的心理机制，通常情况下孩子出现自私、冷漠，就能明白"事出有因"了。

（1）不主动、不热爱。是因为你太啰唆了；越啰唆越烦，越烦越不想去做。

（2）不想投入。是因为我回应了也永远不是你想要的样子，不如躺平。

（3）抗拒热情。是因为你只在乎我的学习，从不关心别的，尤其是我想让你看到的。

（4）抗拒回应。是因为我讨厌你逼我主动回应，逼我热情时狰狞的表情，你在乎我偏让你不如意。

其实，孩子们基本上都有对世界探索的欲望，但这种内在动机总被各种原因磨灭。孩子想要的很简单，就是被看见、被记住、被重视。但他们讨厌你命令他怎样做；他们需要的是经过你引导后他们知道应该怎样做。尤其是强制要求的时候，父母的贪心、焦虑、恐惧和不安，会让父母与部分老师在一起，做出各种加速孩子冷漠、无情、自私的举动。这些动机系统被破坏，自私、冷漠、无所谓等扭曲的价值观现象几乎就是必然的。

各位学员，作为父母，你是否这么想过——

你为什么认定你的孩子必须喜欢你，并主动迎合？你是否让孩子充分体验到主动、热情、慷慨大义或者与人交往的好处、重要性及趣味性和成就感？你的焦虑和恐惧，是否允许你让孩子慢慢懂得主动、热情、交往的重要性和方法？你的不甘和贪心是否允许你接受你的孩子一直不喜主动、热心交往或回应？你是否认真倾听、了解过孩子厌恶和抵触的真正对象是什么？

扭曲价值观的背后，是父母的竞争意识和淘汰的焦虑。

现在，谈谈让孩子主动的三个理由。

各位试想，你在什么情况下会坚持奔跑？答案显而易见，要么感觉到前方有美好的东西在吸引；要么有可怕的东西在后方追赶；再者就是，真正发自内心地感知到奔跑的快乐。这就是我们所说的人前进时80%的动机取向：目标前景驱动、恐惧威胁驱动、适时正反馈驱动系统。各位肯定也纳闷儿，这三类激发动机的语言也没少说，为什么没效果呢？那是因为你说的话可能具有以下特点——

（1）谈目标。或泛泛而谈，一语带过；或忆自己当年百感遗憾，把梦想枷锁扣在孩子的身上。

（2）谈榜样。或单纯对比，说别人家的孩子好；或质问后不满预期，冷嘲热讽。

（3）谈未来美好。只会说要主动发言、热情参与才会有机会衣食无忧、幸福美满。

（4）谈后果代价。或许家长们最常说的就是，捡垃圾当环卫工、上工地当廉价劳动力。总之，不会慷慨热情就无法立足社会，日后你也会埋怨父母。

（5）谈当下和未来的后悔。大多数人偏爱说——将来的人生失败，不要怪我，将来你会懂的，现在做的都是为你好。

（6）谈人生失败的缘由。你只会归根于——不主动学习、不努力学习、不坚持学习。

（7）谈学习方法。你会不假思索地说：多练习、你看看×××多好，多向×××学习就行了。

（8）谈积极主动的成就感。你会说能说会道的人多么令人羡慕。

各位家长是否发现，你的孩子不主动、不热情、不爱回应的原因了，谈目标前途，你语言苍白，描述空洞；谈别人家的孩子，做对比当榜样，但自己却不愿意被对比；谈后果，谈代价，你偏离社会事实，只剩威胁恐吓；谈当下，你习惯鼻涕一把泪一把，说委屈、讲牺牲；你用道德绑架的方法要么多问，要么多练，但不给具体的指导和次序方法的教导。

这些语言都激发不出孩子的内在动力，他们肯定不会热情参与、慷慨无私。

为什么好像一说一个准？因为很多时候，人们只关心能证实我们结论的言语或者行为,而对于推翻我们的言语和行为会不自觉地采取选择性忽略甚至视而不见,也就是人很多时候有证明自己命题的倾向性。因此,我们一说孩子不按自己的要求积极主动的时候,有些家长就会认为我们的孩子是自私的、冷漠的,甚至是价值观扭曲的。

从某种意义上来讲,人生的本质是在其现实性上,是一切社会关系的总和,因此,与人的沟通极为重要,沟通的态度和方法很多时候比能力、实力更重要。若能和孩子有良好的沟通,自由、自理、自强就会代替孩子的私欲,会转化成积极的动力,遇到更快乐的自己。具体怎么做,能怎么做,要怎么做,我们第二节课继续。

学后测评

1. 简答题:对不同阶段的孩子有重要影响的人是谁?试着和他合作,也许效果翻倍。

2. 单选题:既然家庭和父母是孩子一直向上生长的力量,那作为父母的我们应该(　　)。

　　A. 接纳　　　　　　B. 改变　　　　　　C. 顺其自然

3. 判断题:争论或反抗是有破坏力的。(　　)

第二节 矫正价值观扭曲的问题

方丽，心理咨询师，河南省名班主任工作室核心成员，河南省骨干教师，南阳市教育教学先进个人。

这节课我们重点聊聊当真地遇见了自私、冷漠、扭曲的价值观时，作为家长，我们能做些什么？该怎么做？

在拿出具体方法之前，先请大家跟我看三个模型图：冰山模型、素质洋葱模型和情绪洋葱模型。

模型图1：冰山模型

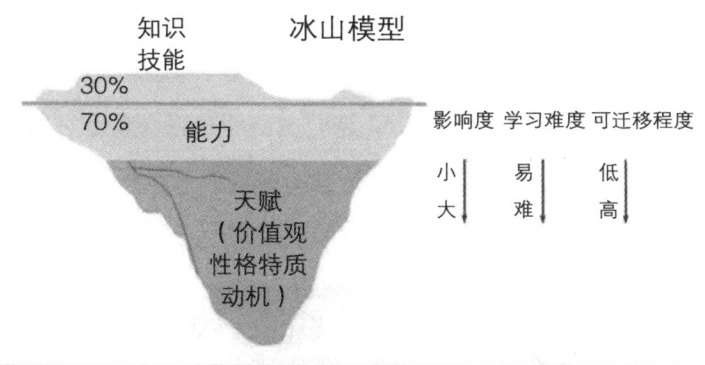

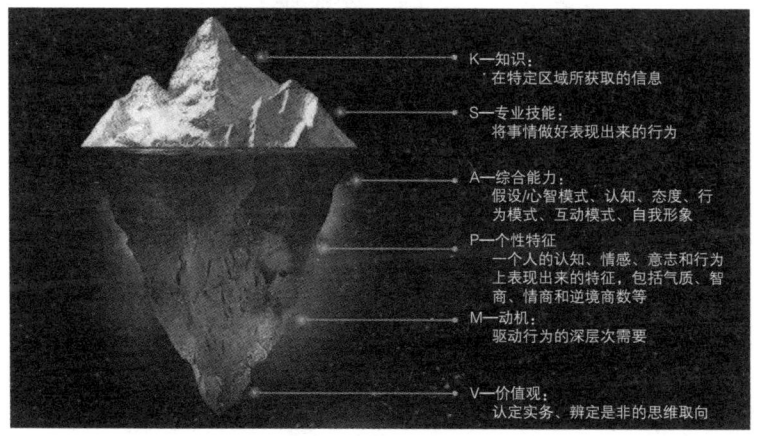

冰山模型

知识技能 30%
能力 70%
天赋（价值观 性格特质 动机）

影响度 学习难度 可迁移程度
小 易 低
大 难 高

K—知识：
在特定区域所获取的信息

S—专业技能：
将事情做好表现出来的行为

A—综合能力：
假设心智模式、认知、态度、行为模式、互动模式、自我形象

P—个性特征：
一个人的认知、情感、意志和行为上表现出来的特征，包括气质、智商、情商和逆境商数等

M—动机：
驱动行为的深层次需要

V—价值观：
认定实务、辨定是非的思维取向

在冰山模型中，我们可以看出只有少部分是被直接看到的、显性的存在，而大部分是隐性的，看不到的。其中就有我们所说的价值观，它们都是深层次的。

模型图2：素质洋葱模型

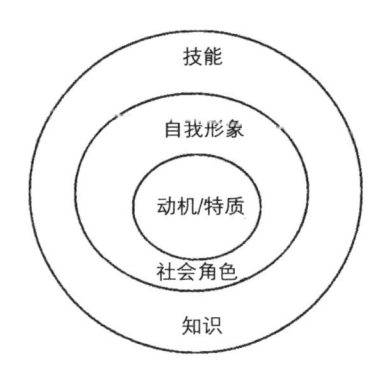

美国学者理查德·博亚特兹对麦克利兰的素质理论进行了深入和广泛的研究，提出了"素质洋葱模型"。处于最核心的是动机，然后向外依次展开，越向外层越易于培养和评价；越向内层越难以评价和习得，而动机和由价值观决定的特质就是最难以评价和习得的。

模型图3：情绪洋葱图

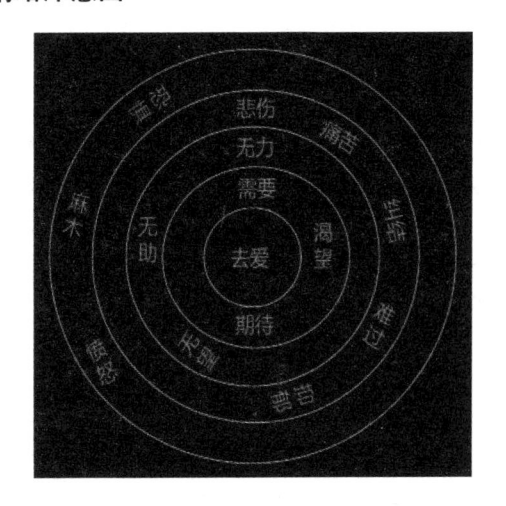

由此图可以看出，我们的内心深处是爱、是期待、是需要、是渴望，当这些不能被满足时，我们就产生了失望、无力、无助、绝望，而此时是你情绪的临界爆发点，进而会产生纠结、难过、内疚、压抑的困苦，最后痛苦、悲伤、愤怒、恐惧、冷漠、麻木等消极情绪弥漫整个心境。由内而外表现的症状越来越明显，但要想解决外围的症状，其根源还是内层问题的解决。当内层问题没有继续发展或解决透彻时，愤怒、痛苦、冷漠、恐惧、悲伤、麻木这些现象是不会出现的。

从三个模型不难看出，它们是相互联系、互相影响的，因此，我们就不能抛开其他问题点而单一地去看孩子的自私、冷漠。价值观是隐藏在最深处的根本，也是最不容易解决的问题，但反过来看，任何问题的出现绝不是空穴来风的，要想解决它都是有章可循的。

下面借助几个案例说明如何"拨乱反正"。

案例3：

小学二年级，男孩，喜欢画画。你不夸他时会生气，你夸他时也会生气；你笑着告诉他你画得真好，也不行；当你用超多的词汇或原因来夸奖时，他会当着你的面把画撕掉。母亲爱学习，愿意反思，性格林黛玉型，体弱多病，温柔贤惠，基本不怎么发脾气，即便发脾气也是大家看着不怕的那种。父亲指责型，常说孩子笨之类的话语。孩子目前性格孤僻、极端、自私，喜欢被夸，也厌恶被夸，陷入了自我矛盾中。比如，下课回来妈妈会发现课程表上多了一个看不见任何字迹的超黑、超密的黑疙瘩，母亲问，孩子也不说，直到第二天妈妈查了课程表发现那节课是写字课。又问了写字老师，才知道就因为老师问了一句"你在干吗？"这个孩子还是本学校的教师子弟，可想而知，老师是不会用太恶狠的语气的。但他的反应是硬生生地把课程表那一块划掉、划烂才解气。妈妈非常不解，于是找到了我。

这个案例中的孩子显然和我们上一讲中的几个案例都是有所不同的，这孩子的问题程度更深。作为家长确实要干预了。但干预有方法，否则有风险。我们如何规避风险？可以从以下几个方面来着手：

1. 先观察、学习

你只有提前观察过、研究过、分析过才可以正确识别、明确地"拨乱反正"。你若没有做好准备不要莽撞行动，你的刺激性语言和行为或许会雪上加霜。凡事提前做沟通、矫正的准备，便是留有回旋的余地，这是一种智慧，更是一种责任的体现。

2. 用恰当的语气和姿态去倾听、去感受

什么叫恰当？这个度怎么把控是重点。不能让孩子有压迫感，要让孩子感受到你的尊重和理解。案例中父亲要改变说话方式，不要事事打击孩子，促成孩子的逆反心理和长久的冷漠。对孩子的引导，不是一味地教育或理论化，说的话和道理要接地气，这样的理解和接受才是一种无形的力量，才能为孩子的成长提供不懈的动力。积极心理学中称为"颜施"，简单地说，就是给人笑脸。一种发自内心的感受，他使我们的娱乐神经舒展，肌肉放松，从而达到事半功倍的目的。

当然，沟通也不是一味的讨好型。这位母亲要敢于"唱黑脸"，有时候适当的惩戒机制有利于减少自我心理产生，更能使孩子有明确的是非观。不随意满足孩子的要求，家长可适当满足或延长满足，让孩子懂得东西来之不易。在生活的一些细节中加以管教，有错就要道歉、知道什么是长幼、尝试吃点亏、受点挫折并且要学会真心地表达谢意。

3. 帮助孩子体验沟通交往的快乐

父母要舍得用真正的快乐与热情去分享，平时多带孩子出去交朋友，帮助孩子学会给予的同时，感受与人交往的快乐。很多时候，我们的孩子不是不愿意，是他没有感受到那份快乐和幸福，所以就选择了躲避爱，躲避需要，躲避被关心。一旦他体验到了与人交往沟通的美好，就再不想体会自己的孤独与无助。作为家长，积极地关心孩子的感受，设法帮助他们体验沟通交往的快乐吧。

4. 关注孩子的情绪变化

积极心理学认为价值观、道德意识也是我们一种自发的情绪反应。道德意识和价值观在很大程度上属于我们的情感反应，它们紧密相连。当你看见一件你认为不合理的事情时，未必找到它的一些原则上的错误和问题，但是就觉得它不对，这就是价值取向和道德意识。我们可能看不见孩子想表达的深层次含义，但冰山模型和实践都告诉我们隐藏在深处的影响度越大，可迁移程度就越高，但它的唯一表征就是我们的情绪、语言和行为。

5. 善用非言语因素

非言语因素可是温柔地抱住他、充满爱意地摸摸头、坚定地握住手、赞许地拍拍肩等，或许是一个肯定的眼神和大拇指等，这种显性行动会起到事半功倍的作用。而孩子们进行的同伴游戏、听音乐、看书等这些非言语类沟通，尤其是身体上的活动，也会让我们进入特别快乐的幸福状态。心理学家发现积极的运动，甚至可以治疗人类的抑郁症，运动、活动的效果与抗抑郁药和抗焦虑药有相同药效。可见非言语因素的功效之大，就像解决问题的根本一样重要。

6. 看懂孩子的渴望

父母应该放下权威，关心孩子的感受，鼓励孩子说出自己内心的真实想法。看懂孩子内心真实的期待和渴望，而不是仅看到他外在的表现行为和语言，要用心体会孩子语言或动作中的"声东击西"和隐喻。父母不要随意打断孩子的倾诉，应表现出父母的耐心和尊重。

7. 培养孩子发现新事物的能力

找到自己平时看不见、想不到、没有观察到的那种真、善、美，其实也可以让我们产生积极主动的心理。你会发现你找到的就是自己或别人内心深处那些不为人知的生长力量。

8. 不打扰的共情

孩子倾诉时父母要保持中立，不要随意打断孩子的语言，表现出父母的耐心和尊重，给予他充分的理解和共情，也要敢于按"暂停键"，给时间留白，给情感留白，就是给对方出口。

当对自己的期待还是对别人的渴望不被满足时，都容易产生内部系统紊乱，孩子就会否定自己。一旦核心不再存在，孩子就没有归属感，那这个看似还是完整的孩子可能已经缺失得太多：内心空虚、麻木自私、无动于衷，进而价值观扭曲。而我们所说的当孩子内心被看见，期待和渴望被满足时，这些问题则迎刃而解。因为我们知道当孩子的归属感被实现时，他的价值观不一定会被人赞赏，但至少不会是扭曲的。

你认为矫正扭曲的价值观的核心是什么呢？再看一个案例：

案例4：

初中二年级女孩，她喜欢的男孩不理会她。母亲是高中班主任，工作繁忙，喜欢用老师的教导式引导和激将法刺激孩子。父亲常年不在身边，一打电话就是问学习，一问学习就发脾气。最近女孩子成绩下降，不想听课、叛逆、玻璃心。老师为了引导她，故意亲近她，找她沟通，她没有任何回应；让她当班干部，她却说"耽误学习，不关我事"。早上不想起床，白天不想做事。认为谁都不会再爱她了，整日失眠、头痛。妈妈说什么，她都是回应"嗯、行、好"。

案例中，女孩的问题已经很严重了，并且出现了明显病状。这时家长一定迫切想要解决，但这就如身上长的毒瘤一样，想扩散、要发展，很快！想解决、要根除，很难！它要正确引导、需坚持、要有剔骨挖肉的狠心和决心，还要有天时地利人和的机缘融合，必须彻底改变原来的教养方式。

案例中女孩的母亲作为班主任老师，在学校常用激将法"获胜"，这是因为她的角色是教师；但她忘了对自己的女儿来说她只是母亲，使用"激将法"，只会让孩子在情急之下顺从，却忽略了背后的巨大隐患。处于初二的女儿，正处于青春期，此阶段父母跟孩子之间的冲突就不是原来的一种"需求冲突"了。到了青少年这个阶段，很多时候"需求冲突"就会变成一种价值观冲突。

此时的父母应该充当"顾问"的角色。因为这并不是好坏、对错那么简单。我们成长的年代不一样，必然会出现这种看法、观点或者做法上的不同，所以做一个有效能的"顾问"，分享而不教导，邀请而不要求。分享你对这件事情的看法可以，但如何选择？要怎么做？这个权利一定要留给孩子。甚至可以分享你作为父母知道这些事情后，非常担心，但这个担心是你自己的，不要把它投射给孩子，也不要直接说你这样做不对。坦诚地诉说我为何在这件事情上会如此焦虑，而不是去围追、堵截甚至用激将法刺激她。正话反说的激将法只会使负能量词汇增多，形成消极场域，就像火上浇油，会变得更糟，久而久之，孩子就会陷入焦虑、麻木的状态。

我建议爸爸尝试调回家工作，与妈妈取得一致行动。夫妻俩要努力贴近女儿的心理，尝试好好说话；创设沟通情境，例如组织周末家庭聚会等。尤其是妈妈要调整好心态，即便被拒绝多次，仍需要百折不挠去坚持，帮助孩子恢复正常生活和睡眠。若孩子的病状一直持续，就要去专业的医院就诊。父母等与孩子的关系初步修复、病症逐步减轻后，可以写一封长信给孩子，因为文字是最好的抵达心灵的方式；也可以画一画我们的经历和感受，绘画也是一种不错的疗愈方式，越小的孩子越能读懂。

最后，我提供十条建议，希望对朋友们有所帮助。

1. 事实上

拥有自私、冷漠、扭曲价值观的孩子，他们没要求，但有渴望，而渴望没有回应，才会变冷漠。当情绪洋葱图中内层的去爱、渴望被回应时，这些表象问题不攻自破。

2. 原则上

因人而异，实事求是。个体差异的存在，使我们的行为丰富多彩。正是因为有这样差异的存在，家庭教育才会引起社会人群的关注和关心。而素质洋葱模型中，每个人的动机和特质又各不相同。

3. 场域上

增加积极语言，等待教育契机。真诚表达担忧焦虑可以，但不能发火；学会放手，安排上信任，但绝不是放纵。正如花开有时，大脑发育更有规律，抓住时机，及时觉察即可。

4. 态度上

要有父母的自我觉察：跟我真的无关吗？我的哪些言行加重了孩子的无所谓？我的哪些心态造成了孩子的冷漠无情？改变自己的看法，而不是抱怨孩子的问题，但又给不出专业指导。

5. 行动上

要自我改造，试着好好说话。说平和的话、真心的话、有料的话，别只想着动不动求助专家。在这个过程中，一定要切忌急躁，急躁是解决问题的最大障碍。

6. 步骤上

准确分析程度，是轻度、中度还是重度，属于哪一种。还要精准归因，是年龄问题？还是沟通引导的方式问题？抑或是有创伤事件？最重要的是父母的态度。

7. 执行上

未被察觉地被引导，才是最高境界，父母能以身作则一定是良药。多方位思考问题，而不是只活在自己的视角和想法里。

8. 形式上

避免单一说教，可以形式多样化。例如，举办一次家庭辩论会、书信传情、图画达意等有趣活动。

9. 视觉上

要创设唤醒记忆的机会。例如，无意识地播放小时候的视频或照片，感知内心向上生长的根部力量。

10. 向未来

父母应该永远保持"未完成"的学习状态，不停地去汲取各种知识，去充实和"完善"，而不是为了"拨乱反正"而拨乱反正。

也请各位家长记住：别人说的永远是别人说的，路只有自己走了才知道。走出第一步，你会发现不是要走第二步，而是想走第二步，第三步，第四步……再回过头看它，会发出事在人为的感慨。

最后祝愿各位家长可以借着孩子修行自己、成长自己，但愿每一个孩子都是美好的天使，而你的家庭也能和谐美好。

学后测评

1. 简答题：如何引导孩子听进去？

2. 简答题：如何引导孩子说出来？

3. 简答题：面对孩子的价值观扭曲行为，作为父母，怎样应对才是正确的？

第八讲　棘手问题6：游戏瘾或手机瘾

帮助孩子解除游戏瘾或手机瘾

杜海玲，绘画心理分析"中级咨询师"，中社联"本会团体心理咨询中级"，电视台《家长课堂》特邀嘉宾。

大家知道游戏和手机用好了，肯定是好事；一旦用不好，那就会让人头疼。相信不少家长朋友正在为这些事儿头痛着，因为孩子已经有了手机瘾或者游戏瘾，而这种瘾所带来的各种负面问题让人手足无措。那么，如何帮助孩子解除游戏瘾或手机瘾呢？

请各位看一个真实案例：

女孩，13岁。平时是爷爷奶奶带，相对而言比较放纵孩子。孩子经常玩手机，有时候整宿不睡觉，作息紊乱。突然有一天，孩子在教室里一直不停地抽搐，神经一下子失常。医生诊断后得出结论：玩手机过度，从而导致智力下降、精神失常。

这不是个例，各位家长可以去网上搜索。有时候想想，如果这是我们自己的孩子，我们将会是怎样的心情？案例中的问题非常现实，孩子玩手机或玩游戏无度的现象非常普遍。很多孩子吃饭玩、睡觉玩、走路玩……只要一有空就抱着手机或平板，怎么也不肯放下。我也见过周末或放假的时候，废寝忘食，一连几个小时动也不动玩手机的孩子。而家长最关注的作业他们根本没有心思去做，或者即便做，也只是应付了事……更有甚者，如案例中的女孩，引发的其他问题更让人忧心忡忡。

我们不禁要问，我的孩子怎么了？作为家长，我们该怎么办呢？

青少年心理专家张丽珊说："其实手机没有错，它是一个客观存在，孩子更没有错，他是一张白纸，是家长错了，手机不过是他们教育缺位的替罪羊。"所以，俗话说得好——对症下药，我们首先找到这病症产生的原因，才能找到解决问题的路径。我认为，导致孩子游戏或手机成瘾，大致有以下几点原因：

1. 家长的错误示范

在家庭里面，不少家长习惯刷手机，不管孩子在与不在。更有家长热衷于玩游戏。孩子眼睛里看到的家长什么样，自己就会变成什么样。一整日拿着手机，目光与孩子没有任何交集的家长，培养出来的孩子大多数也会沉迷于手机。当然，家长热衷于玩手机，势必会对孩子进行放养教育。

2. 放养的教育模式

一些家长受社会及工作压力的影响，忙于工作，对孩子的沟通与陪伴缺席。孩子回到家，面对的是冷冰冰的墙壁，心灵的沟通得不到满足，转而他们便会去游戏中跟玩家们说说笑笑。

3. 家长的关注点失衡

部分家长把游戏作为交换筹码，为了让孩子做作业或者不让孩子哭闹，就拿玩手机作为奖励，长此以往，部分孩子认为玩游戏是理所当然的事，难以形成良好的学习观。

4. 游戏吸引力强，学生控制力弱

网络游戏新颖刺激，环环相扣容易吸引孩子的注意力。开发者为了盈利，设计网络游戏时考虑了各年龄阶段孩子的特点，加上中小学生处于认知成长阶段，好奇心强，富有探究精神，倘若没有家长的监管，孩子玩游戏的时间会越来越长，逐渐上瘾成性，难以摆脱游戏的诱惑。

5. 缓解压力寻求快感

面对学业压力，部分学生甚至家长认为游戏是放松的良好途径。当孩子达不到家长的要求，又找不到其他途径舒缓自己的压力时，他们转身就会投入游戏中。在游戏中赢得胜利的那一瞬间，成功的体验和快感就扑面而来。游戏甚至代替了成绩，成为同学之间的谈资；过关成了一种自豪。

我们再回到案例。爷爷奶奶照顾的女孩应该是溺爱放纵为主，类似于放养；而13岁正是意志力薄弱易沉迷易模仿的年纪。老人和孩子的极大代沟，使孩子在家庭里缺少沟通，她会进入虚拟世界寻求快乐，这都是原因。那么接下来我们就交流一下如何来解除孩子的游戏瘾或者手机瘾的问题。

第一，引领者示范，家长要为孩子做表率。

我班一个男生，上课经常无精打采，双眼绯红。我多次找他谈心，问他是否晚上熬夜玩手机，他坚决否认。当我在书桌里发现他带手机进校园时，他不得不承认自己晚上玩手机，有时甚至会玩到凌晨。当我问他为什么置学习、休息于不顾时，孩子的话让我很震惊——

每次做家庭作业时，总能听到客厅里妈妈哈哈的笑声，感觉很好奇，就问妈妈笑什么。妈妈就会把好玩的视频发给我看。慢慢地，只要一有空，我就跟着妈妈看视频……以至于后来妈妈睡了，我还偷偷拿她的手机看到凌晨。

教育家苏霍姆林斯基曾说："对一个家庭来说，父母是根，孩子是花朵。父母常'看到'孩子的问题，却不知这其实是自己的问题在孩子的身上'开花'。"父母如果回到家中一有时间就拿起手机，打电话、玩微信、看电影、追剧、刷圈、通关打游戏……孩子看见大人们捧着手机，乐此不疲，甚至还会如案例中的母亲哈哈大笑，那么，孩子会怎么想？所以，作为家长，在孩子面前要果断放下手机，尤其是孩子静下心来学习的时候，一定不能看手机。在孩子写作业时，家长可以拿一本书，一边看书一边陪伴孩子。或者，拿一张纸跟孩子一起练字。这样有效的陪伴，会让孩子觉得自己的父母是优秀的人，自己也愿意成为这样的人。

第二，培养孩子正确的兴趣爱好。

当一人处于"闲事"的时候，肯定没有"正事"可干；反过来讲，有了"正事"，也就没那么多"闲事"了，所谓"无事生非"而已。所以，家长若要从根本上解决孩子的游戏瘾或者手机瘾，培养其正确的兴趣爱好是重中之重。

一个朋友的孩子，以前天天看手机、玩游戏、刷小视频。自己不出去玩，也很少见小伙伴来找他。一个偶然的机会，朋友发现孩子点赞了一个篮球比赛的视频，她问儿子，想不想学篮球，儿子很高兴地答应了，于是他们就去报了一个篮球训练营。慢慢地，孩子的兴趣越来越浓。一有时间就去小区的篮球场打篮球，因此还结识了很多朋友，同龄的，比他大、比他小的玩伴都有，他们经常在一起约赛。儿子还做了篮球小组的组长。节假日还在小区群发动比赛，忙得不亦乐乎，根本没时间碰手机。

如果孩子在某些方面有了新的爱好，他对游戏、手机的依赖和沉迷也会大幅减弱，而且这些有意义的兴趣爱好，还可以扩展孩子的知识面、增强孩子的体质，提升孩子的综合素养，对孩子的未来发展很有帮助。当然，家长还可以引导鼓励孩子外出与同学、朋友交往，培养孩子的情商、交际能力，还能使他在与其他孩子的交流中倾诉自己的烦恼，化解心理危机，促进孩子的心理健康。

第三，以案说法，培养孩子的自控力。

以案说法就是用具体而真实的案例，和孩子说游戏上瘾和手机上瘾的危害。例如，您可以把咱们本节课开始时那个13岁孩子的案例讲给孩子听。我们更可以用身边摆事实的方式陈述玩手机对孩子产生的负面影响。比如，老师反映作业没有按时交；玩手机很晚睡，休息不好，老师反映上课睡觉；做作业玩手机分心，导致写作业拖拉……让孩子看到，是因为玩手机已经成为问题了，把玩手机的负面影响抛给孩子，他要承担这个后果。

但是，千万不要让孩子意识到你在"堵"他，否则逆反心理会产生适得其反的结果。此时，如果孩子坚持要玩，家长可以采取"商议制"。在谈了"案例"的背景下，一般还是会接受"商议"的。那就是可以和孩子商议着制定一份规定，明确提出孩子必须遵守的具体约定。例如什么时间可以玩，玩多长时间等。

当然，"约定"也不难，问题是如果打破了约定会怎样？这个时候又会陷入执行"约定"背后的"约法"问题。所以，让"约定"处于动态的变化状态是最好的选择。

第四，放平心态，合理教育期望。

一次，思思的妈妈拿着手机来找我，说："杜老师，你看，我在思思手机里发现了什么！"我一看，是一大串的聊天记录。全都称呼思思为老大。为什么呢？因为思思在前几天的游戏争霸赛中获得了冠军。这个女孩的成绩在我们班只是中下。她妈妈看到这样的聊天记录不禁大发雷霆，对着自己的女儿破口大骂。

在和思思的交流中，孩子的一句话让我至今难忘，她说："老师，我知道我不是个聪明的孩子，可是我妈妈好像不知道。每次发了试卷，看到成绩，我妈妈好像要吃了我一样，我觉得活着太难了，我什么也不是。但是我到了游戏里面，我觉得我有了价值。我只愿意在游戏里生活。"

各位家长，你看到了吗？不恰当的家长期望会成为孩子的"生命不可承受之重"，游戏和手机等成为孩子寻求宣泄与慰藉的"窗口"是再自然不过的事情了。教育是什么？教育就是最大化地让孩子成为他自己。皇甫军伟说，一个人的物质特征和精神特征70%是由基因决定的，也就是说，大部分都是由你的基因决定的，你的过高期待是不是本身就在做着不可能的事情呢？家长应该做的是，在充分了解孩子的基础上，为孩子提供好环境、培养好习惯等，让孩子最大限度地成为他自己。这才是教育的真谛。

所以，家长要调整对孩子的教育期待，放过自己，正确地对待自己和孩子，给予孩子合理的期待，最后也能成全最好的孩子。

但愿你的孩子在你用心的教育下，成为最好的自己。

学后测评

1. 多选题：如果你是爱看手机的妈妈，面对孩子想跟你一起看手机的情况你会怎么做呢？（　　　）

A. 放下手机，陪孩子一起看书或在孩子写作业时在一旁练字

B. 跟着孩子一起看手机

C. 喝止孩子，让孩子自己去玩

D. 放下手机并告诉孩子自己只是通过手机放松一下，然后陪孩子做些有意义的事，比如，一起浇花、做饭等

2. 多选题：生活中，家长因为处理工作有时会用到手机或计算机，你会在孩子面前打开手机长时间工作吗？（　　　）

A. 工作很重要，应该及时处理

B. 先处理工作，让孩子自己写作业或者玩耍

C. 单独回到自己的房间处理工作

D. 跟孩子表明，自己用手机是为了工作，不是为了玩，让孩子对手机有一个正确的认知

3. 简答题：若孩子真的有手机瘾或游戏瘾，你会怎么做呢？

4. 简答题：面对吵闹着要玩手机的孩子，你会妥协吗？

第九讲　棘手问题7：遭遇不良伙伴

如何帮助孩子交到良好同伴

许丹红，浙江省德育特级教师，德育正高级教师。

今天我在这里就孩子"遭遇不良伙伴，如何抽身"的问题和各位进行交流。

"近朱者赤，近墨者黑"，中国这句古话告诉我们，孩子拥有一个正能量的朋友圈是多么重要。我们多么希望孩子结交的伙伴都是品行端正，善良向上的好孩子，孩子浸盈在这样的氛围，比较让人安心。

但很多时候事与愿违，孩子的交往往往比较单纯，只想有个小伙伴一起玩，其他并不会在意。虽然现在国家提倡二胎、三胎，可大部分孩子依然处于少子女家庭，孩子的内心比较孤独。随着年龄的增加，孩子的自我意识、自我概念逐步增强，整体的心理发展水平有所提高，对父母、教师的依赖开始减少；渴望交朋友，渴望与同龄人之间的友谊，希望自己能够得到同龄人的认可和理解，极力追求同伴之间那种相互平等、相互理解共鸣的关系。

同伴关系在孩子身心发展时期显得格外重要。关于建立朋友之间友谊的话题自然成了孩子成长路上关注的焦点。但是，许多孩子由于缺乏社会交往技能，交友不慎导致了很多心理问题，低自尊、焦虑和消沉情绪时常伴随他们，对身心产生极大影响。

父母如何拥有一双慧眼，挥起一把利剑，让孩子及时抽身呢？这真的是一门艺术。

请允许我给各位分享三个案例——

主诉人：小立爸爸，45岁，自由职业

我的孩子小立是一个调皮蛋，从小精力旺盛，特别好动。一年级入校时，因为早期教育的缺失和放任，孩子学习举步维艰。后来通过陪伴孩子阅读，让孩子学习武术，孩子的自信慢慢建立，学业和行为规范等各方面有了明显提升。

四年级暑假，我要忙于自己的小厂，孩子成绩考得比较理想，放松了警惕，也忽略了对孩子的陪伴。我们租房的小区内有许多来自新居民学校的外地孩子，父母忙于生计，顾不上对孩子的陪伴，作业监管不力。每天忙于生活，心有余而力不足。他们与小立差不多年龄，家庭教育处于放任中，也不做什么暑假作业。每天上午，小立与以前一般，看书、写字、做奥数、读英语……下午与他们一起玩耍、打篮球、骑自行车，天天玩得满头大汗、红光满面回来。等暑假结束，第一次单元考试，考了80几分。我才惊觉事态不对了，赶紧让小立收心，禁止他双休日出去玩。一开始，这几位小伙伴如影随形，一到双休日骑着车子在我家门口等。我让小立在家写作业，但小伙伴们还是会站到稍远一点的树荫下等他。我按捺不住了，告诉他们，小立要做作业以后不玩了。他们表面上答应了。趁我忙的时候，又在窗口悄悄喊小立。我家小立见了我害怕，不敢出去，在家里做作业，心思神游，老想着出去，很长一段时间，成绩一直排徊在中下水平，令全家非常头疼。

难道前四年的投入就这么付之东流吗？百般无奈，后来，妈妈带着小立在我们自己买的房子里住，双休日不去我厂房那边，彻底与这些朋友作了告别。花了整整一个学期，小立才渐渐进入了状态。

主诉人：小近妈妈，35岁，高级职员

小近是一名二年级学生，聪明活泼，人缘关系好，善良，可爱，学习成绩优异，老师和同学都比较喜欢他。他本来与同桌相处很好，同桌是一位学习很棒的女生，两个人互相比赛，你追我赶，学习劲头足。有一天，老师交换了一个同桌，把班上最调皮顽劣的小鱼同学换到了我儿子身边。那个孩子学习成绩差，还经常欺负同学，追来追去喜欢打人。说实在话，一开始，儿子摊上这样的一位同桌，我心里很不是滋味儿，想着这事，晚上翻来覆去睡不着觉，几次，想与老师交流，把他换掉。翻开老师电话或打开微信几次，又重新放下了。想想，老师这样安排肯定有他的理由，等过一段时间再说。

我与儿子谈了一次话，告诉他，小鱼同学身上一定有不少优点，鼓励儿子每天找他一个优点，看到他好的一面，让儿子平时多关心一下他，不要看不起他。这种孩子缺少朋友，内心一定孤单。我鼓励孩子在小鱼学习有困难时多关心。结果，小鱼同学与我儿子关系特别好，他从不欺负小近，反而钦佩小近，两人保持着和谐友好的同桌关系。

主诉人：小文妈妈，38岁，公职人员

我的女儿小文从三年级开始，与班上几位小姑娘走得比较近，说是姐妹团。尤其与小言合得来。小言乖巧懂事，在学校成绩也比较好。一开始，我挺放心，后来在接触过程中发现小言小心思多、点子多，是姐妹团中的核心人物，老实的女儿跟在她后面，在学校里背着老师做了一些捉弄同学的事。有一次，她为了帮姐妹团里的另一位女孩，去追打另一位男生……当我听到老师的反馈后，顿时惊呆了。

我让女儿慢慢地退出姐妹团，淡化与小言的关系，女儿一开始不听劝。我也理解孩子的这一份渴望友谊的心。我鼓励她重新找小伙伴一起玩。我们小区里的小邵同学是我女儿班的班长，为人大方沉稳，值得交往。我们小区与学校离得近，小邵一人步行上下学，我鼓励小文与小邵一起步行下学。晚上，一起散步。当小言妈妈约聚餐的时候，我也总推说单位加班或有事没有空。渐渐地，女儿交到了新朋友，就退出了这个姐妹团。

各位朋友，你看小立爸爸、小近妈妈、小文妈妈曾经的烦恼，是不是有点似曾相识，这也是目前一部分家长正在经历的烦恼。我们时时刻刻想了解，孩子与谁比较合得来；他最好的伙伴是谁？他加入了一个什么样的团体？这些朋友对她有没有帮助？……可怜天下父母心。我们时时都想给孩子最好的，包括同伴。遇见不良的同伴关系，如何帮助孩子抽身。

首先我们要弄清楚以下内容。

第一，什么是同伴关系？

同伴关系的研究始于20世纪80年代，美国学者Brown & Larson（布朗和拉森）曾经对青少年的同伴关系进行了基础性开拓研究。国内外学者也通过很多案例证实同伴关系对青少年的发展影响极大。

同伴关系是一个复杂的网络结构，既包括通过自评获得的自己感知到的同伴关系，也包括通过同伴提名方式获得的他人认可的同伴关系。孩子在同伴关系的发展中，如何选择朋友受很多因素的影响，比如性别、年龄、行为特征、社交能力、认知能力、家庭关系、地域位置等。

随着年龄的增大，在选择同伴的时候，往往考虑以下四个因素：

（1）同伴是否和自己年龄相仿，经历相似，又能彼此了解心灵深处的想法，并且针对周围的朋友、父母、学业或者学校方面的问题提供建议，这样的同伴在孩子眼里就是朋友。

（2）同伴是否和自己兴趣相投，比如一起学习，一起骑车旅行，一起打球，一起逛街购物，一起听音乐，或者参加集体活动，一起分享成功或者承受挫折的考验，这样的同伴在孩子眼里就是朋友。

（3）同伴是否能帮助自己达到某些目的，比如，考试的时候作弊，家庭作业可以互相抄袭，可以结成同盟去欺负某一个同学，欺骗家长或老师，这样的伙伴在孩子眼里就是朋友。

（4）同伴是否能帮助自己维护尊严，比如，考试考砸的时候，比赛失利的时候能得到安慰，取得成功的时候互相鼓励。不管事情如何发展，互相盟誓——永远都是兄弟或者姐妹，这样的同伴在孩子眼里是朋友。即良好的同伴关系可以帮助孩子发展其认知，促进其身心的发展，并有助于减少消沉和心理困扰，但不好的同伴关系会使支持性的友谊转化为危险行为，更会使孩子受到迁移，影响其各方面的发展。

第二，交朋友的四大原则。

友谊对一位孩子的发展有积极影响，积极的友谊能够促进他社会能力的发展，在与人的交往中，孩子比较喜欢选择与自己有"相邻性""相似性""互补性"和"高能力"的朋友。

"相邻性"是指在其他条件相等的情况下，喜欢那些空间、区域离自己较近的人。孩子交的朋友，大多是同一个小区，或父母朋友的孩子，经常有机会在一起玩耍的同伴比较多。

"相似性"是指孩子更喜欢与自己有相似性格、价值观和信念的人做朋友。志趣相投的更容易成为孩子的朋友。俗话说，物以类聚，人以群分。

"互补性"是指其他条件相同的情况下，更能满足自己需要的人。比如孩子更喜欢与关注自己、照顾自己的同伴交往。

"高能力"是指在其他条件相同的情况下，自己更喜欢和有能力的人、学业优秀的人成为伙伴。水往高处走，各方面优秀的孩子更容易交到朋友。

没有朋友或者拥有低质量的朋友，会给孩子带来孤独感、紧张感，稳固的同伴关系有利于孩子的身心健康发展。

第三，遇到不良伙伴，可以采取什么方式抽身？

1. 围追截打式

就是爸爸妈妈采取召开家庭会议的方式，在一种非常正式的场合，与孩子共同分析其近期的状态，以及造成这个状态的自身原因和外界原因。从剖析自身的原因出发，让孩子明白，在身心还不是很成熟，自控能力还没有形成的情况下，创造一个合适的上进的外围朋友圈非常重要。不要诋毁或妄自评价不良朋友的种种不是，拥有一颗同理心，理解孩子与不良伙伴在一起的某个共振点，找出孩子与不良伙伴走得近是因为具有"相邻性""相似性""互补性"还是因为对方的"高能力"？以过来人的身份分析原因，并问孩子是否值得交往。

在空间和时间上，让孩子彻底切断与不良伙伴的交往。小学阶段往往座位离得近的两个孩子玩得多，容易受迁移。空间近，可以请求老师调换一个离得远一点的座位，慢慢开始疏远。若是同一个小区，课余时间尽量不在一起，减少见面与沟通的次数。例如，像案例中小立爸爸一般，彻底阻断。记住一个原则，要温柔而坚定，不要态度太强暴，引起孩子的反感，这样反而欲速则不达。

2. 顺势利导式

李玫瑾教授说："许多家长往往唯恐避之不及班上的那些难搞的行为习惯差的孩子。让自己的孩子把他搞定，适当关心他。那我们的孩子，以后踏上工作岗位，还有什么样的人搞不定呢？"当初看到李教授对这一段话阐述的视频，心头猛的一震。

凡事都有两面性，不良伙伴内心也希望交到真心朋友，若让孩子真诚关心、帮助他，不带偏见地去交流，一定会得到这位伙伴的足够尊重。只要这位不良伙伴品行没问题，只是顽劣一点，家长可以引导孩子多看到这个伙伴的优点，不需靠太近，也不需硬抵制，让孩子对这位伙伴保持必要的尊重，给予正常的关心。不良的小伙伴，因为自身的行为习惯、品质等原因，一般很难找到真心的朋友。真心相待的朋友，犹如阳光一般，温暖他的心灵。当然，若这位不良伙伴人品或某个方面存在问题，家长要让孩子远离。

上述第二个案例中的小近妈妈，从一开始的彷徨到后来鼓励儿子真诚关心同桌，不走得特别近，也不唯恐躲之不及。小鱼同学把小近当成朋友，特别崇拜小近，也从不招惹小近，从心里真正尊重小近。

3. 开沟挖渠式

要让孩子从不良的同伴关系中成功抽身，除了切断不良伙伴的源头，还需要顺着孩子的心理，给他找到一位合适的小伙伴，经常一起玩耍、一起学习、一起运动……爸爸妈妈要做有心人，默默帮助孩子寻找合适的小伙伴，看看小区里有没有同班或同年级的品性优良的孩子，多创造一些在一起玩耍的机会，多让自己的孩子邀请新伙伴一起参与活动，可以借着请教学习的机会，加新伙伴的家长微信，多一些学习交流机会。

孩子只有重新找到合适的玩得来的伙伴，才能填补他失去伙伴的孤独感和无助感，成功从原来的不良伙伴和小团体中抽离。

最后，我想说——

当孩子遇到不良伙伴时，父母不要过度焦虑和担心。先综合考评这位不良伙伴的真实情况，他的"不良状况"达到何种地步，沉着分析，综合考评，然后决定采取哪种方式，是围追截打还是顺势利导？时时关注自己孩子的心理，同时伴随第三招——开沟挖渠，为孩子寻找新的合适伙伴创造机会，以抚慰孩子日益长大渴望友谊的心灵。

愿每一位父母都拥有一双慧眼，帮助孩子从不良伙伴处成功抽身。

学后测评

1. 多选题：如果你是小文妈妈，当你接到老师告知小文在学校和朋友一起欺负男生的电话时，你下班回家准备如何与孩子沟通？（　　　）

A. 实话实说，告诉孩子，今天接到老师电话了

B. 先向孩子了解在校情况，引导孩子自己说出来

C. 朝孩子大发脾气，一顿训斥

2. 思考题：若小文主观上与小言不愿意疏远，你准备怎么引导？

3. 思考题：如何帮助孩子交到良好同伴？

第十讲　棘手问题8：父母离异带来的家庭变故

确保在婚变中孩子的健康成长

姬巧玲，高校副教授，国家二级心理咨询师，武汉市共青团12355心理专家，专注于儿童青少年及其家庭心理发展工作。

今天我们谈论的话题可能有些沉重，但在现实社会中又显得很实际。我们先从小伍的故事开始吧。

小伍是一个16岁的男孩，初中没毕业的他没有稳定的工作。小伍父母在他8岁时就离婚了，他平常和妈妈一起生活，很少主动和爸爸联络。小伍有一个比他小一岁的女朋友，长期住在小伍家。小伍妈妈有病刚做手术，他羞于向妈妈伸手要钱，也不想和爸爸开口，决定和朋友一起去"搞钱"，后因盗窃被拘留。爸爸想给小伍介绍一份稳定的工作，但是小伍不置可否，低头不语。这让小伍爸爸感到很苦恼，儿子和自己见面时从来不顶嘴，但是行动上总是不能履行承诺，这让爸爸感到无可奈何。

在小伍的心里，女朋友对他是最重要的。女朋友喜欢去酒吧等热闹的地方，小伍虽然不赞成，但是也会跟着去，并且会把自己所有的钱给女朋友消费，自己则在酒吧外面等。至于爸爸介绍的工作机会，小伍的困扰在于如果接受工作只能周末才回家。他不放心女朋友没有人照顾，如果不去上班，就可以在家里陪着女朋友。他觉得爸爸是为了他好，他也不敢直言拒绝，感到很为难。

小伍对朋友也很重视。有一次，爸爸给了他两张电影票，但是小伍有两个好朋友，他的选择就是让两个好朋友进去，自己在外面单独等待。听到爸妈要离婚的决定时，刚上二年级的小伍让爸爸妈妈坐在车里谈复合，自己在外面等候。最终爸爸妈妈并没有复合，爸爸还是离开了家。从那以后，小伍再也没有过问爸爸的事，变得越来越沉默，他的学习成绩每况愈下，也渐渐结识了一些学校之外的朋友，夜不归宿。正是和这些朋友在一起，小伍开始盗窃，直至被拘捕。

这里，我们分析一下：为什么父母离异让小伍发生了这么大的变化？

对于任何孩子来说，父母分居、离异单亲以及再婚，都是家庭生活的大变动。当家庭离异时，意味着孩子丧失了原生家庭、家园、邻居和生活标准，甚至包含与更多亲人或父母一方完全失去联系。一般情况下，父母离婚被视为儿童青少年发展的障碍，会对儿童产生强大的内在心理压力。在父母婚姻破裂的冲击下，儿童通常会产生四种主要情绪：①愤怒/发怒；②丧失/悲哀；③负罪感/自我谴责；④恐惧。了解儿童的这些应激情绪对恰当应对儿童的情感发展有非常重要的作用。

①愤怒/发怒。儿童因为受到家庭生活破裂的影响，安全感受到了冲击，一个典型反应就是内心被激怒。还会有对抗、直接的反社会倾向等非常明显的表现；也有对自己身心的戕害，如跳楼、自残等。

②丧失/悲哀。儿童也可能因为害怕更大的丧失，从而强烈地控制愤怒。攻击"愿望"被压抑，其表达成为恐惧的来源。儿童通常会体验到实质性的"真的丧失"。与父母中离开的一方关系发生了实质变化，在家庭的意义上也会感到有重大丧失。儿童会出现直接的消沉表现或其他消沉症状，需要进行内在调控。

③负罪感/自我谴责。"负罪感"是儿童在分离和离婚的痛苦中常见的情绪体验。大多数幼儿有"自我中心"的错觉，认为自己是父母离婚的主要原因。这种自我谴责常常导致自尊的丧失和遭受惩罚。

④恐惧。在父母婚姻中断和离婚过程中，儿童内心会有许多"恐惧"。尽管他们害怕分离的父亲抛弃自己，但他们更担心妈妈也会进行类似的抛弃。生存的恐惧很突出，表现在对金钱的在意或者专注于食物。

父母离婚后小伍在学校学习动机减弱，与同伴互动很少，与父母疏远，责任感降低，其实是小伍正在与他的愤怒做斗争的一种表现，而这些愤怒源自他对父母离婚的体验。他在学校、在父亲面前的退缩可能是一种被动攻击形式。小伍通常采用沉默的、不配合的姿态与人交往，这也在一定程度上证实了这一点。小伍内在消沉的情绪消耗着他对于学习、工作以及活动的能量，他在消沉情绪中挣扎着、反抗着。

从深度心理学角度分析，父母离婚时，小伍还处于俄狄浦斯和潜伏期过渡阶段。正常恋母期的男孩与爸爸有着天然的竞争，父母离婚后，小伍在潜意识中"确信"他在核心家庭的三角关系斗争中是一个胜利者。这个可怕的愿望居然变成了现实，给他带来了强烈的焦虑，导致他面对权威时形成了很大压力，与爸爸的交往没有了自发性。害怕和爸爸失去联结，小伍尽可能地回避竞争。而学校是一个倡导竞争的场所，小伍对竞争和分离焦虑的回避导致他最终脱离学习，背离学校，而从同伴那里获取支持。

小伍试图重新黏合父母的婚姻，他展现出超越年龄的隐忍和付出。童年阶段的他有一个隐藏的观念，即以自我为中心认知世界，让他感到自己对父母的"离婚"负有责任，导致了他的自我谴责、负罪感，以及在关系中忘我付出。因为父母离婚，让他失去父亲以及父母作为一体的爱，情感的缺损让他停滞在父母离婚时年龄相适应的发育过程。母亲的生病，让他感受母亲的脆弱，再次激活了小伍对分离的焦虑，担心遭遇被抛弃的痛苦，躲进了与女友的脆弱单薄的情感世界，以缓解分离焦虑。处于青春期的小伍，自身生存能力受限，无法给予他充足的安全感，深深的无力感和对生存的恐惧让他不可抑制地想要去撬锁、偷窃，不顾一切地进行物质占有和剥夺。盗窃正是他所采用的一种不恰当的、对内心需求得不到满足的求助信号，以此寻找丧失的、能够主动适应他需要、奉献于他并且理解的关系，以弥补他缺失的安全感。

小伍的情况现实中并不少见。父母婚姻关系的变化对其子女心理健康状况造成的影响，向来深受社会学界和心理学界的重点关注。早在20世纪80年代，徐安琪等对110名离婚家庭的孩子做了调查。结果显示，其中具有自卑感的孩子占48%，性格孤僻和感情较脆弱的孩子各占44%，具有心理早熟倾向的孩子占24%，情绪有波动的孩子占25%。有学者通过比较离异家庭与完整家庭对孩子的教育、情感等方面的影响，发现青少年犯罪确实比较多地发生在父母离婚的家庭当中。父母离婚分居对子女的影响会给子女的社会化带来一些障碍。一项对单亲家庭成长的大学生在社会化过程相关研究发现，这些来自单亲家庭的大学生，不同程度地出现了政治信仰迷茫、理想信念缺失；价值观扭曲，品格修养不良；社会适应能力较弱，社会责任意识较差；法治观念淡薄，违法犯罪率相对较高等问题。

可以说婚姻关系的变化带来家庭结构的变动，有可能给子女带来一些消极的影响，乃至导致心理健康危机。

所以，如何规避或缓释这种"重大变故"对孩子的影响，陪伴孩子稳步度过父母婚姻的变动期，显得十分重要。

陪伴孩子度过父母婚姻变动期，对父母而言是一个充满挑战的过程。实际上，身处婚姻变动期的父母，在处理因婚姻关系变动的痛苦而带给自身巨大挑战的同时，也减少了他们作为父母的培育能力，很容易削弱现实环境下原有家庭抱持能力的培育，导致孩子在父母"分离—离婚—重建"过程中产生强烈情绪、丧失和内疚感、低自尊、对关系中安全感的焦虑、极端的愤怒以及无助感。这些情绪如果得不到充分表达，就会让孩子的困扰达到顶峰，父母要陪伴孩子以完成过渡显得格外有挑战性和创造性。

如何才能帮孩子做好过渡呢？

在孩子的内心深处，父母是绝对不能替换的，也是完美不容伤害的。如果婚姻变动在所难免，一定要按照以下做法，将孩子受到的伤害降到最低。

（1）把问题限制在夫妻之间的范围内。当面对孩子时，家长的角色应保持一致与和谐。夫妻之间的事与维系子女的关系无关。告诉孩子就算爸妈不和，两人永远也会爱他和照顾他。尽量避免对孩子说另一半的不是，每次对对方的指责都会在孩子的内心引起很大的矛盾与冲击。如果不得不说，每说一项不是，至少同时说出一项对方的优点。

（2）不要隐瞒事实和欺骗孩子。双方应该用坦诚的态度与孩子谈论问题，包括个人内心感受和事情的进展，尽量对孩子坦诚，保持孩子对自己的信任。不管婚姻状态如何，双方都应关心和参与孩子的生活。分居和离婚对孩子是相当有害的，但是如果孩子与父母都能保持定期和良好的接触，就会避免一些问题的产生，减少对孩子的伤害。

（3）向孩子保证父母之间发生的问题不是他的过错，而修复的责任也不在他。切勿当着孩子的面故意造谣对方，大人之间的事应由你们自己解决。

（4）再婚父母不应强迫孩子称呼自己的新伴侣为"父亲"或"母亲"。

当然，上述谈的是防患于未然。如果"未然"已成现实了呢？那就要学习父母离异时孩子常见情绪问题的应对策略。

（1）愤怒。当孩子愤怒时，可能会出现行为的对抗或者学习、人际交往方面的问题。比如晚上睡不好，白天又很累，在课堂上无法集中注意力。有时，有一些孩子会表现得很失望，会认为没有学习的必要，仿佛自己以前一切努力都随父母的离婚烟消云散。比如，无心向学，与同学打架、发生冲突等。真正走出爸妈离婚的阴影至少要一年时间。

当孩子出现这种情况时，父母要多引导孩子把注意力转向自己，可以告诉孩子：

"很多孩子会因父母婚姻变动出现这样的状态，也许你对家庭的破裂充满愤怒，让你很难专注你自己的事务。也可能在为爸爸妈妈和自己将来的日子担心发愁，采用抗拒学习的方式表达内心的不满和愤怒，并不是在惩罚父母，而是在惩罚你自己。"

如果孩子特别难过，父母可以找一个心理医生帮助其渡过难关。当然并不是所有的孩子都能够接受找心理医生解决问题。当孩子排斥见心理医生时，父母可以告诉孩子：

"心理医生可以帮助你从忧愁和痛苦中解脱出来，可以通过他找到你想要的答案，更好地了解自己的父母。不用担心心理医生会像个超级家长，会怕被逼着说话。其实，心理医生除了说话以外，还可以画画、玩玩具……或者什么也不做，心理医生不是学校的老师，不会要求你回答这样或那样的问题。"

当然，这样的沟通不是一蹴而就的，可能需要经历一个过程。在这个过程中，不要忘了留给孩子思考和选择的空间。

（2）丧失/悲哀。当孩子为父母中离开的一方悲伤时，您可以——

A. 和孩子讨论，你很恨爸爸/妈妈？要知道，没有人会为了故意伤害他人而选择离开。也许，爸爸/妈妈需要追求另一种生活才能得到幸福，虽然他这样做有点儿小自私，但爸爸/妈妈的幸福对你而言其实也很重要……

B. 给孩子举个例子，比如说一个人和一个朋友绝交了，大家能因此就说他是坏蛋吗？不会，因为一个人之所以离开他的朋友，是因为他们之间已经没有友情了。你总不至于为了他而牺牲自己吧？对了，爸爸/妈妈也一样呀，他也不想作这种牺牲……

C. 让孩子体会和安心。一般来说，妈妈/爸爸都是很厉害很坚强的人，可你的妈妈/爸爸却苦恼郁闷甚至流眼泪，这让你很郁闷很烦恼。你是不是感觉妈妈/爸爸突然间变成小孩了？别担心，即使很伤心很痛苦，爸爸妈妈始终都有一股强大的力量来保护你。

（3）负罪感/自我谴责。当孩子认为爸爸妈妈离婚是自己造成的而负罪时，可以告诉他，孩子很少成为父母离异的原因。很多没有孩子的父母也有可能走向离婚。可以和孩子讨论，为什么认为自己有责任？是你做了错事？还是因为爸爸或妈妈骂了你，你曾经偷偷地期望他（她）离开这个家？或者因为你听到爸爸妈妈在吵架时提到你了？……父母经常会在子女的教育问题上产生分歧，但他们绝不会因为这个闹离婚。他们之所以离婚，是因为彼此不再相爱，而不是因为经常拌嘴争吵。当人们不再相爱时，所有的琐事都可以拿来当作吵架的理由，比如，客厅的布置、汽车的停车位，还有你的学习成绩和乱糟糟的房间！看看，这些和你没有任何关系。爸爸妈妈相爱时，你还没有来到人世，因此，你不是他们爱情的源泉，更不会成为他们爱情的破坏者。爸爸妈妈之间发生的，永远是一个男人和一个女人的故事，他们曾经相爱过，只是如今爱已成往事……

（4）恐惧。当孩子恐惧或伤心时，身体可能会表现出这样或那样的疼痛。

父母可以告诉孩子，当我们伤心或害怕时，身体就会表现出这样或那样的疼痛。

为什么呢？因为你找不到合适的词语来表达自己的想法，你感觉没人想倾听你的声音。你把所有的一切都埋在心里，直到再也装不下，满溢出来，而这种满溢和崩溃正是通过肚子疼或者头疼的方式表现出来。

12岁的孩子往往喜欢无意识地回忆起美好的婴儿时代。那时，爸爸妈妈一起守在你身边，悉心地照料你的身体：他们把你包得暖暖的，给你洗澡，还温柔地晃动你的摇篮……小时候的你是那么开心，那么无忧无虑。成长则会给你带来恐惧感，让你产生想回到过去的冲动……

学习、认识以及应对不同发展阶段的孩子处于父母婚变冲突下所产生的体能反应，可以对支持这些孩子健康发展起到指导作用。相信使用以上适合孩子所处年龄阶段的语言向他们解释发生了什么以及为什么会发生这一切，为孩子做出计划，能够一方面强化父母的抱持能力，另一方面增强孩子的安全感，这种情况下孩子对父母离异的适应是最佳的，才有可能让孩子面对父母结束不愉快的婚姻时感到轻松，从而在父母做出的决定中获益，从痛苦中恢复并重建生活，在父母婚姻变故中让孩子保持稳定过渡，健康成长。

学后测评

1. 简答题：父母婚姻变故会给孩子带来哪些情绪问题？

2. 简答题：当孩子因为父母的离异而产生负罪感的时候，家长该如何做？

附　学后测评参考答案

第一讲

第一节

1.参考答案：听古诗词歌曲、讲古诗词故事、实地考察，等等。

2.参考答案：（1）从听书开始，激发兴趣；

（2）父母学会倾听，给予动力；

（3）把买书作为奖励，持续兴趣的同时让孩子珍惜阅读；

（4）鼓励表达，让知识重构得以梳理和展示；

（5）鼓励写作，将思考引向深处。

第二节

1.参考答案：给孩子一段打底的慢时光，让孩子多接触大自然，会给孩子的生命成长带来原动力，让孩子有舒展性灵和自由探索的机会，让孩子充分感受花鸟鱼虫和日月星辰的魅力，孩子的好奇心、求知欲、探索精神都会得到潜养。

2.参考答案：塑造习惯、渗透方法与激活思维。

3.参考答案：制订计划有技巧，应当做到"四确保"：

（1）确保计划是由父母和孩子共同协商制订，而不是由父母强加给孩子的。

（2）确保计划中的各项任务安排科学具体，能让孩子劳逸结合，张弛有度，避免出现高强度且密集的学习活动。

（3）确保每天都给孩子固定的自由活动时间，父母可以陪同但不能做过多干预，自主是在自由中孕育出来的。

（4）跟踪观察孩子计划落实的情况，并及时兑现奖惩措施，这是在对孩子的表现进行强化与提醒。

4.参考答案：让孩子有自主学习意识，有时间管理的能力，直到最后无须书写学习计划而计划自在心中。

5.参考答案：（略）

第三节

1.参考答案：亲情之爱是要让孩子知道父母永远"爱他"，而不是爱"成绩好的他"；是要让孩子永远有希望；是营造了积极而有教育意义、高支持性、科学的家庭教育氛围。

2.参考答案：外出旅游看世界；读书观影开视野；独特行动（灵树线、骑行等）给支点；借力伙伴创美好（答案含有这种意思即可）。

3.参考答案：

（1）独处的空间就是给孩子独自专注做事的空间，给孩子独立做事的空间。

（2）它有以下几种作用：可以培养孩子的专注力；可以培养孩子独立的判断力和决策力；可以培养孩子独立生活的能力；可以让孩子心理健康……

（3）给孩子独处的空间，一定要注意安全。

第二讲

第一节

1.参考答案：围绕"会产生习得性无助"回答即可。也可以辩证分析：优秀的孩子会促进中等和后进的孩子，有些孩子会反感甚至产生习得性无助。

2. 参考答案：有利于"陪伴"理想的落地；有利于亲子情感联结；有利于孩子潜能激发；有利于孩子全方面发展……

3. 参考答案：让孩子感受到被重视；让孩子感受到自我价值；让孩子拥有强烈的自我认同。

第二节

1. 参考答案：（1）对现在的影响：让学习更轻松，让视野更开阔，让身心更健康，学习更从容，让成绩更优异，让写作更漂亮……

（2）对一生的影响：提升综合素养，铺垫事业有成。

2. 参考答案：绘本—漫画—名著。

第三节

1. 参考答案：家长不要以指导者或者权威的姿态告诉孩子是什么或者怎样做？而是"你先给我讲讲你的思路，我们看能不能一起找到方法？""看你学习过的东西有没有类似的，我们拿出来看看，看是否对这道题有启发？"或者干脆就是"我做做试试"（但你不要一下子做对），或者"我相信你可以做出来的，慢慢来！"（这个时候你泡杯牛奶，让孩子舒缓一下脑筋），等等。让孩子感受到你是他的学习伙伴和指引者。

2. 参考答案：事事和孩子讲道理，遇事都和孩子商量，通常的结果就是孩子也学会了"讲道理"。于是，遇到事情，家长讲家长的"大道理"，孩子讲自己的"小道理"，家长再通过更多的"大道理"来说服教育，孩子则会用更多的有利于自己的"小道理"来辩解。事情的发展有可能是家长理屈词穷后的气急败坏，也有可能是孩子不甘示弱后的号啕大哭。越来越多的道理，演变成为无法控制的局面。

3. 参考答案：父母身体力行地在孩子身边学习或者看书或者工作。当孩子需要问问题，或者需要帮助的时候，能够做到"有求必应"。"有求必应"不是指孩子提问时马上给他回答，而是让孩子能够看到你，感受到安全，确信你是一直在身边的亲人，让孩子不忧虑不担心，家长陪伴孩子学习最好的状态是做好自己，努力学习，用心工作，心无旁骛。让孩子看到你认真又努力的样子。

第四节

1. 参考答案：这个问题有大人的误解和成见在。大宝不一定就没有耐心，大人不要预设，一开始就给大宝贴上没有耐心的标签。大宝甚至比大人陪小宝读书还耐心呢，不信你试试看。另外，这种耐心是可以培养的，只要大人放手、放心，大宝就会很享受我们的尊重与信任，就会加倍耐心地给小宝读书。久而久之，大宝会对小宝越来越有耐心，同时也越来越有爱。

2. 参考答案：不对！这么想的家长就是陷入了"亲子共读是幼儿专利"的误区。亲子共读不因孩子长大了，识字量增大而停止，只要你爱孩子，就可以带着孩子一直读下去。亲子共读不因孩子的识字量增大、年龄增大及小宝的到来而停止，亲子共读关乎亲子关系，关乎亲子和谐共处，关乎爱。

第三讲

第一节

1. C

2. ABD

3. 参考答案：亲子关系的单薄；孩子习惯的不好；孩子个性、心理的缺失……（言之有理即可）

4.参考答案：

（1）以陪伴给孩子心理定锚。

（2）以赞赏给孩子信心。

（3）以引导让孩子发现美好。

（4）以倾听让孩子释放。

（5）以空间给孩子自由。

第二节

1.参考答案：

（1）父母关系紧张，让孩子丧失良好的学习环境。

（2）越俎代庖，让孩子丧失学习主体的资格感。

（3）过度牺牲，让孩子背负内疚感丧失学习动力。

（4）消极预期，父母的过度担心变成对孩子的诅咒。

（5）干涉过多，让孩子丧失自我，丧失完整的人格边界。

2. 参考答案："情绪ABC"理论认为导致某个结果（C）的发生不是由某个事件（A）引起的，而是由我们的信念（B）引起的，其中A指事件，B指信念，C指结果。

我们通常认为某个结果的产生是因为发生了某件事情，比如孩子写作业拖拉，父母很着急、很生气。这里的事件是"孩子写作业拖拉"，结果是父母很生气、很着急。其实，父母生气与着急并不是因为"孩子写作业拖拉"导致的，而是被父母的信念"孩子做事情必须要快，慢的话就会被别人赶上"所激活的。

3. 参考答案：小学生的学习动机主要是外部动机，比如父母的表扬、称赞，多表扬、多称赞就可以了。表扬的是具体的不是虚浮的，你想要孩子注意哪个品质你就表扬哪个品质，表扬的还要是可以控制的品质。

中学生的学习动机已经转向内部，他们更注重自己是一个什么样的人，将来能做什么。所以父母可以多带孩子去旅行，看看医院、机场、车站、大学等，少说多看，让孩子自己领悟。

第三节

1. AB

2. ACD

3. BCD

4. 参考答案：可以从"建立关系""调研了解""共情感受""成因分析""建立联盟""愿景规划""落实推进""巩固成效"这八个方面谈谈。

5. 参考答案：

（1）你似乎学习遇到了很大的阻力，很无助无力。

（2）你已经无法再坚持了，因为很多东西很难，超出了你能理解的范围！

6. 参考答案：孩子，每次考试考十多分，说明你的基础不是空白，还是可以扭转的（希望植入）！老师教你一种快速高效的方法，你可以每天安排固定的时间，如半小时，认真阅读书本的内容，把相应的知识点，例如定义、公式、定理等画起来，然后再安排半小时做相应的基础练习，这个方法老师教过很多孩子，百试百灵。（根基筑牢法引导）我相信如果你坚持，一定能提升成绩，我们一起来试试（鼓舞信心，建立同盟）。

第四讲

第一节

1. 参考答案：有孩子的梳理一下孩子的情绪问题，没有孩子的可以梳理自己的情绪感受。

2. 参考答案：快乐、厌恶、害怕、愤怒、忧虑。

3. 参考答案：情绪躯体化、情绪行动化、情绪语言化。

4. 参考答案：这种说法是错误的，情绪不分对错，情绪有正面情绪和负面情绪，它们的存在对人类的生存都具有现实意义。

第二节

1. 参考答案：如果孩子在学校犯了错，挨了老师的批评，回到家我会先拥抱他，和他说："妈妈知道你很难过！"

2. 参考答案：我的孩子在我面前情绪失控，我会先觉察自己的情绪，保证以平静的状态去看见孩子，倾听孩子，感受孩子的情绪，接纳孩子情绪的失控，和孩子同频共情。允许孩子将情绪发泄出来，了解情绪失控背后的想法或需求，如果孩子存在不合理信念，和孩子一起"头脑风暴"，引导孩子改变不合理信念，缓解情绪问题。

第三节

1. D

2. 参考答案：首先，父母要树立正确对待考试成绩的态度，避免对孩子的负面评价；其次，家长要帮助孩子建立积极的"认知图式"，即正确看待考试；再次，家长还可以给孩子制订恰当的目标；最后，协助孩子通过运动、放松身体等方法缓解考试带来的焦虑和负面情绪。

第五讲

1. AD

2. 参考答案：要跟老师实话实说，解释此事。因为周围的人了解得越多，就越能改善人际关系。假如老师了解了果果的状况，知道不论是分心、冲动还是好动，都不是果果自己想这样的，都和品德无关，老师就会理解孩子，鼓励孩子。老师在安排座位、布置作业、课堂提问等方面就会给果果更合适的教育。

3. 参考答案：帮助他们消除不靠谱、低成就感等负面的自我形象；用合适的语言跟孩子解释注意力缺失症；让周围的人知道注意力缺失症；帮孩子建立美好蓝图；教孩子学会管理自己的情绪。

第六讲

第一节

1. C

2. 参考答案：建议妈妈A从5个方面努力。

（1）阅读和共情有关的书刊。

（2）快速地摆脱凡事以自我为中心的思维定式。

（3）提高自己发现孩子需要的敏感度。

（4）及时观察、体验自己和孩子的情绪。

（5）经常记录孩子的成长表现，留存跟孩子的非语言信息，全面地了解孩子。

3. 参考答案：可以分为四个阶段。

（1）家长确认了孩子的不良情绪后，应立即停止孩子的行为，但不急于评判孩子的对错，给孩子能安全地表达自己的想法营建基本的沟通氛围。

（2）及时表达对孩子的理解，并引导孩子开始表达自己的想法。不管时间是否充足，家长给孩子留出的表达想法的时间要充足。

（3）在孩子表达想法的时候，家长要感同身受、换位思考，尽量全面地分析孩子的想法。家长要适时地询问孩子，以得到更多的可信信息。

（4）家长根据与孩子的沟通情况，全面引导孩子，既指出不足，也肯定正确的行为。在与孩子协商后，提出合理的行为建议。

第二节

1. 参考答案。轩轩爸爸的行为不可取。轩轩爸爸每天都替轩轩整理书包，会给轩轩一种不良的心理暗示：爸爸会替我整理学习用品，我不用管。轩轩爸爸替轩轩承担了整理学习用品的责任。如果轩轩爸爸也经常替轩轩完成本该由轩轩完成的其他任务，时间长了，轩轩的责任意识就会逐渐变淡，直至不想承担任何责任。

2.（1）√ （2）× （3）√ （4）√ （5）×

3. 参考答案：家长只要总结出这次经历的出现背景、策略选择的理由、过程概述、效果反思，就是又一次唤醒了自己的责任教育意识。

第七讲

第一节

1. 参考答案：根据埃里克森的人生八段重要影响人可知，幼儿阶段分类比较细致：婴儿时期，1~1.5岁，母亲是最重要的人。幼儿阶段，前期2~3岁，父母是最重要的人，后期4~5岁，家庭是最重要的影响。小学阶段，孩子处在少年期，6~11岁，榜样很重要，也就是家庭、教师、学校、邻里都有重要影响。初、高中阶段，青春期12~18岁，同伴之间的理想"英雄"是重要的影响人，但他们都建立在家庭的基础上。由此可见，家庭贯穿始终，原生家庭的成长是亘古不变的话题和根本。

2. 答案：B。很多人会选A，认为接纳就是解决问题的本质，但那是错的，接纳只是基础根本，而不是核心关键。核心关键是由接纳而改变。《萨提亚冥想》中说，我们只有意识到今天的我和昨天的我一定是不同的，今天你作为父母的提升和改变虽建立在昨天的基础上，但它与昨日一定有所不同，试着改变，试着发现不一样的美。

3. ×。答案分析：很多家长认为和孩子之间及伴侣之间的争论就意味着，孩子和伴侣不是和我同一战线的，但这是一种错误的想法。争论，可以帮助我们互相了解，感受不同，从而为下一步规划做更好的改变，也能成就更好的自己。

第二节

1. 参考答案：不说要做什么，但一定要回避"无效指令"。当沟通好了，叛逆就是伪命题。例如：孩子什么也不想听，你却不停地唠叨，结果接下来的几天你什么也不说，只是傻傻地看着他，笑、微笑、浅浅微笑。请你坚持五天，到了周末说："咱们去散步吧。"他一定陪你去。后来，你才明白我们总把自己的需要给孩子，给别人，这是善良，但绝不是智慧。我们总把智慧给别人，别人就会很舒服。家长是否应该拥有看到孩子的能力？当你看到了他就会很舒服，孩子在自然舒服的状态下，他一定能听到。

2. 参考答案：回到上讲中的练习，重要的因素——家庭。从争论到接纳再到改变。你一定变得更加智慧，有智慧的母亲就是一个有智慧的女人，就是一个有智慧的妻子，进而引发一个智慧的丈夫和一个智慧的家庭。家庭中有等待、有引导、有台阶下、有向心力，从而就会有陪伴、有约定、有成全……那一刻就会有更多的共鸣产生，那一刻你一定懂了。另外，你需要知道，松树成不了珠子的道理。因为种子、基因、DNA是你无法改变的现实，引导只是风雨、阳光和土壤，而土壤能孕育生命。

3. 参考答案：感性的真情表白＋民主的理性引导＋清晰的边界调整。

不表达就不知道直白、明确地表达清楚你的想法是基本能力，更是打开你我第一道大门的钥匙。孩子就是孩子，别看他的个头那么高，别看他在伪装，他永远是一个简单善良的孩子，千万不要把他们看的心智太高，毕竟年龄、经历、经验有限，他需要父母的智慧。做父母的说话要动脑子，替他操碎了心，人家也未必领情，所以去修好你们之间的边界吧，当你清晰地知道你该干什么的时候，你的内心会越来越轻松，把责任还给他，你不累，他也不累，孩子犯错了，遭受挫败了，就会慢慢改变。

第八讲

1. AD

2. CD

3. 参考答案：如果孩子真的出现了手机成瘾症状，那我就要开始反思自己了。想想自己是不是忽略了孩子，想想自己是不是跟孩子一样也有手机成瘾的症状，我觉得我会先找孩子沟通一下，在双方都情愿的条件下达成一个协议。慢慢地减少手机的使用。另外，可以给孩子报个兴趣班，转移孩子的注意力。多陪孩子说说话，多和他沟通，以免出现其他心理问题。

4. 参考答案：我不会妥协，我会先给孩子讲一些真实案例，说明玩手机的坏处，再跟孩子做个约定，定好玩手机的时间。慢慢地在生活中发掘孩子的兴趣点，培养孩子的兴趣爱好，多带孩子出去社交，鼓励他交朋友。我相信他会发现生活的美好。

如果孩子不妥协，一直哭闹发脾气，我应该先安抚孩子的情绪，等孩子冷静下来，让他知道，妈妈就算不给他手机也是爱他的。然后陪着他说说话，看看书。也可以规定时间，只能玩一会儿，看手机的内容要经过妈妈同意。这样，经过一段时间的过渡，我有信心帮助孩子摆脱对手机的依赖。

第九讲

1. B

2. 参考答案：妈妈理解你的心情，毕竟交到合得来的朋友不多。我知道良师益友对人的重要。对自己有帮助的朋友，才叫作益友。你看，你们在一起玩，联合起来欺负男生，这个行为就不太合适。小言身上一定有值得你好好学习的地方，不然，你也不会跟在她后面。你看看，这段时间你各方面的表现，有许多值得商榷的地方，老师也打来了电话反馈。咱们先静一静，试着退出这个圈子，保持一种清醒，保持自己独立一段时间，你看可以吗？

3. 参考答案：根据交友的四大原则，让孩子努力提高自己的能力，身上多一些光环和闪亮点，自然能吸引别的孩子和他做朋友。鼓励孩子多关心身边的同学，座位离得近的或同小区的。物以类聚，人以群分，当孩子提升品位，提高自己的能力时，自然能交到高品质的伙伴。

第十讲

1. 参考答案：在父母婚姻破裂的冲击下，儿童通常会产生四种主要的情绪：①愤怒/发怒；②丧失/悲哀；③负罪感/自我谴责；④恐惧。

2. 参考答案：可以告诉他，孩子很少能成为父母离异的原因。很多没有孩子的父母也有可能走向离婚。可以和孩子讨论，为什么认为自己有责任？是你做了错事？还是因为爸爸或妈妈骂了你，你曾经偷偷地期望他（她）离开这个家？或者因为你听到爸爸妈妈在吵架时提到你了？……父母经常会在子女的教育问题上产生分歧，但他们绝不会因为这个闹离婚。他们之所以离婚，是因为彼此不再相爱。当俩人不再相爱时，所有的琐事都可以拿来当作吵架的理由，比如，客厅的布置，汽车的停车位，还有你的学习成绩和乱糟糟的房间！看看，这些和你没有任何关系。爸爸妈妈相爱时，你还没有来到人世，因此，你不是他们爱情的源泉，更不会成为他们爱情的破坏者。

后记

心在哪里，路就在哪里

作为本书编后记的执笔代表，开始书写这些文字的时候，已是凌晨1：52。我不知道写完将是几时，但我知道我在用心去写它。

用心，也是在编写这本书和另外一本书（两本书：《家庭教育指导师培训课：从好家庭到好教育》《家庭教育指导师培训课：家庭教育，从成功到从容》）时我们最强烈的感受。这两本书的提纲形成，其实是三年前的事情了，而决定成书是今年才有的事情。这两三年里，汇智云亭教育研究院在四川、山东、江苏等地的项目合作单位进行实践，让实践的结果来检验这个提纲所列的内容以及所采取的排列顺序是否有效。

这两本书，正是实践有了好结果之后的产物。所以，笔者说，本书的编写是用心的，也希望这份用心能够让家庭教育之路走得更好。

让家庭教育之路走得更好是编写本书的愿望，也是汇智云亭教育研究院的初心所在。汇智云亭研究院在创办之初，就把自己的愿景定义为：成为中国教育健康与家庭健康的有力引领者。将自己的使命定义为：让你因我而走向远方。如此定义不是因为研究院本身有多大的梦想，而是因为研究院90余位研究员（含兼职）都曾有过一线经验，都有怀揣着浓浓的教育情怀，也默默地担负着自己的教育使命。因为有一线经验，所以看到了关于教育的很多"不健康"现象，所以就立志自己做。例如，这两本书的安排，开篇就是"家庭关系才是家庭教育的核心"。这应该是喊出了属于自我的家庭教育口号，这个道理虽则很多人知道，但总是处理不好，或者不自觉地把教育什么或者解决什么问题当作了家庭教育的重点。

研究院在自己关注的很多领域，例如学校发展与规划、教师培育与发展、心理健康与家庭、营地教育与游学等都有自己独到的见解和行事方式。所以，这是一个用心的团队，也是让我们看到路的团队，更是我们能够合作的原因所在。

特别要表达的是，这里笔者要代表所有编审人员对参与本书文字书写和视频录制的专家学者和家长们表示最崇高的敬意，因为您是用心人。说您用心，读者朋友自然能从文稿和视频中看到；但您在修改过程中的用心，读者朋友是感受不到的。因为我们邀约的写作人，都是在自己领域小有名气的人。让名人修改本就是难事，当然如果"枪毙"名人的文稿不用更是难事。由于编审人员的知识结构和教育视野所限，和作者的很多想法和表达方式可能对接不到位，所以就有了反反复复的修改，也会有不少朋友的稿子直接不用。有两位作者，让笔者特别感动：一位写了6个话题大约2.5万字，最终只选用了不到0.9万字；一位写了7.2万字，最终选用了0.7万字。这对于用心书写的朋友来说，是很大的不公平。但是，这两位老师，却在看到我们的审稿意见后留言说："谢谢，您的审稿意见让我看到了自己的局限，也开阔了思路。"作为编审人员，我们能说什么，只好说感谢。这是谦虚的姿态，更是一种容纳百川的气度。无论编审赞同或不赞同自己的文字，各位作者都深深地明白：编审如此严苛，初心肯定是为书稿的质量负责，为读者朋友负责；书的质量和对读者的责任，是任何一位出书人应有的基本道德底线。这份明白，让我们由衷致敬。

本书的出版，得到了诸多单位的大力支持；依据本书录制的家庭教育指导师培训课程，也得到了国家权威发证机构的认可，并愿意合作为家庭教育指导师的培养做出彼此应有的贡献。这也证明着，只要用心，总有很多条路铺开在我们的面前。

最后，对参与前期试验的合作单位、用心的作者表示最真挚的谢意。让我们一起用心，为家庭教育的健康发展探索出更好的路。

编著者

2022年4月

于汇智云亭教育研究院